Des conseils pour bien écrire

Réfléchis à ton texte.

- Demande-toi pourquoi tu écris.
- Explore ton sujet.
- Rappelle-toi ce que tu sais déjà sur le sujet.

Mets tes idées en mots, écris ton texte et révise-le.

- Mets tes idées en ordre et organise tes phrases.
- Orthographie les mots du mieux que tu le peux.
- Rappelle-toi les règles d'accord des mots.
- Relis souvent ton texte pendant que tu écris.
- Joue avec tes phrases et avec tes mots.
- Révise ton texte en demandant de l'aide au besoin.

Corrige ton texte et diffuse-le.

- Corrige tes phrases et vérifie la ponctuation.
- Vérifie l'orthographe des mots et vérifie les accords.
- Fais une mise en pages appropriée.

Des conseils pour bien lire

Avant de lire

- Demande-toi pourquoi tu lis.
- Survole ton texte. Essaie de prévoir son contenu.
- Sers-toi de ce que tu sais déjà.

Pendant que tu lis

- Rappelle-toi les stratégies pour mieux lire les mots.
- Arrête-toi de temps en temps pour t'assurer que tu comprends ce que tu lis.
- Dégage l'idée importante dans chaque paragraphe.
- Si tu lis une histoire, essaie de prévoir la suite au fur et à mesure que tu lis.
- Si tu lis un texte d'information, rappelle-toi bien ce que tu cherches pour sélectionner les bonnes informations.
- Fais des liens entre les mots d'une phrase ou entre deux phrases.

Après avoir lu

- Rappelle-toi l'histoire que tu as lue.
- Si tu as lu un texte d'information, vérifie si tu as trouvé ce que tu cherchais.
- Si tu fais une recherche, organise l'information que tu as sélectionnée. Prépare-toi à la diffuser.
- S'il y a lieu, réponds aux consignes et aux questions.

ANKOR®

D

JOHANNE FRAPET
ISABELLE PÉLADEAU
LISETTE SAINT-PIERRE

TRANSDISCIPLINAIRE 2ᵉ CYCLE • MANUEL D

MODULO

Nous reconnaissons l'aide financière du gouvernement du Canada par l'entremise du Programme d'Aide au Développement de l'Industrie de l'Édition (PADIÉ) pour nos activités d'édition.

Gouvernement du Québec – Programme de crédit d'impôt pour l'édition de livres – Gestion SODEC.

Chargé de projet: André Payette

Direction artistique et conception graphique: Marguerite Gouin

Montage: Marguerite Gouin

Typographie: Carole Deslandes

Maquette/couverture: Marguerite Gouin

Recherche (photos): Kathleen Beaumont, Julie Saindon

Révision: André Payette, Monique Tanguay, Marie Théorêt (révision linguistique), Dolène Schmidt (révision des contenus grammaticaux), Nathalie Liao (révision scientifique)

Correction d'épreuves: Suzanne Archambault, Manon Lewis, Dolène Schmidt, Marie Théorêt, Renée Théorêt

Textes: Élise Bergeron: p. 98-100; Pierre Clavet: p. 18; Monelle Gélinas: p. 91, 92, 93, 142 (capsule), 176-178; Manon Lewis: p. 66-69, 114-120, 121-123, 136-138, 140-142, 162-166, 170-172; Nathalie Liao: p. 28-29; Isabelle Péladeau: p. 21, 22, 26-27; André Payette: p. 1-2, 6-9, 27 (capsule), 39-40, 45-50, 54-57, 73-74, 76-79, 111-112, 123 (capsule), 124-126, 129 (capsule), 149, 153-155, 184; Dolène Schmidt: p. 35-38, 70-72, 108-110, 146-148; Marie Théorêt: p. 41-44 (adapt.), 51-53 (adapt.), 59 (capsule), 65 (capsule), 84-86, 87-90 (adapt.), 128-131, 143-145 (adapt.), 150-152, 157-160, 173-175 (adapt.).

Illustrations: Francis Back: p. 56; Jean-Pierre Beaulieu: p. 14-17, 22, 58-59, 84-86, 101-107, 114, 116-120, 150-152; Monique Chaussé: p. 7-9, 50, 100, 115-116; Marc Delafontaine: couverture, pages de garde, p. 1-2, 35-38, 39-40, 70-72, 73-74, 108-110, 111-112, 143-145, 146-149, 179-183, 184 (encrage: Denis Grenier; couleur: Maryse Dubuc); Christiane Gaudette: p. 3, 34; Marie Lafrance: p. 75; Jacques Lamontagne: p. 4-5, 30-33, 63-65, 87-90, 132-135, 167-169, 173-175; Diane Mongeau: p. 98; Jean Morin: p. 13, 27, 61-62, 76-79, 153-156; Bruno St-Aubin: p. 80-82; Anne Villeneuve: p. 95-97; Daniela Zekina: p. 10-12, 19-20, 23-25, 41-44, 51-53, 127, 139, 161.

Photos: AFP Photo/Karl Mathis: p. 172; Archives nationales du Canada: p. 45 (Lawrence R. Batchelor, C-011924), p. 47 (C-016952), 48 (C-001241), 49 (C-11013), 54 (C-3163 et C-5750), 126 (1483); Assemblée nationale, direction des communications: p. 136; Denis Bernard: p. 117, 121; Bettmann/Corbis/Magma: p. 86, 160, 170, 171; Bibliothèque nationale du Québec: p. 55; Biodôme de Montréal: p. 123; Stéphane Brunet: p. 120; Carnaval de Québec/Mathieu Plante: p. 136; Cascade: p. 99-100; Centre d'information sur les sciences de la Terre: p. 7; Benoît Chalifour: p. 123, 140, 141; Collection du musée du château Ramezay: p. 50; Communauté urbaine de Montréal, Service de l'environnement: p. 116; Domtar Inc.: p. 99-100; Festival international de poésie de Trois-Rivières: p. 141; Jardin botanique de Montréal/Michel Tremblay, Marie-Claude Vallerand: p. 129; La Courte échelle, Céline Lalonde: p. 91; La Courte échelle: p. 93; Keith Lanpher/VTC: p. 67; Monastère des Ursulines de Trois-Rivières: p. 141; MRN-Diane Barry: p. 7; Musée amérindien de Mashteuiatsh, photo Louise Leblanc: p. 177, 178; Musée canadien des civilisations: p. 57 (S91-202), 176 (S96-4868, S96-5159), 178 (S96-6423); Musée de la civilisation, dépôt du Séminaire de Québec: p. 65 (n° 1993.16649); Musée de la civilisation du Québec: p. 57 (coll. Coverdale, 68-3237), 176 (65-439); Musée des Augustines de l'Hôtel-Dieu de Québec: p. 47; Musée du Québec: p. 49; Musée Marguerite-Bourgeoys: p. 56 (Campement amérindien, Francis Back), p. 125, (Marguerite Bourgeoys à la première école de Ville-Marie, Elmina Lachance C.N.D.); Musée du Nouveau Monde: p. 55; Musée Pierre-Boucher: p. 1; Musée québécois de culture populaire: p. 142; Musée Stewart: p. 45, 57, 125, 126; Parcs Canada: Bernard Duchesne (dessins), Jean Jolin (photo): p. 142; Société de transport de Montréal: p. 119; Robert Soulières: p. 92; Tara Pringle/www.nativetech.org: p. 178; The Library of Congress: p. 67, 68, 69; The Mariners' Museum, Newport News, VA: p. 69; Ville de Montréal, gestion des documents et archives: p. 114, 115, 116, 118, 121; Ville de Québec/Robert Giffard/Claude Chabot: p. 136, Claude Chabot: p. 138; Wally McNamee/Corbis/Magma: p. 171, 172.

Ankor
(Manuel D)

Dépôt légal — Bibliothèque nationale du Québec, 2002
Bibliothèque nationale du Canada, 2002
ISBN 2-89113-**853**-8

Imprimé au Canada
2 3 4 5   06 05 04 03

DANGER
LE PHOTOCOPILLAGE TUE LE LIVRE

Table des matières

Thème **La ville en fleurs**

Thème  **Jeux et sports**

DEPUIS QUELQUE TEMPS, IKI-TOUK PERCEVAIT PAR TOUS LES SENS UNE INQUIÉTANTE ACCUMULATION DES FORCES. C'EST AVEC UNE TRISTESSE MÊLÉE D'EFFROI QU'IL ANNONÇA AUX AUTRES CHEFS LA TERRIBLE NOUVELLE.

HAMAR !

APRÈS AVOIR TENU UN CONSEIL D'URGENCE, LES ANKO-ROIS DÉCIDÈRENT DE SE RÉFUGIER DANS LA GROTTE DES PORTIQUES EN EMPORTANT LA PLUS GRANDE QUANTITÉ POSSIBLE DE VIVRES ET DE MATÉRIAUX.

AVEC SES AIDES, AVI-NOUK FIT DE SON MIEUX POUR SOLIDIFIER LA GROTTE ET AMÉNAGER L'ESPACE RESTREINT.

HAMAR SE MANIFESTA PRESQUE AUSSITÔT PAR DE VIOLENTES SECOUSSES.

À PLUSIEURS ENDROITS, LE SOL SE FISSURA EN EXHALANT D'ABOMINABLES CHALEURS.

DES VENTS GLACIALS D'UNE FORCE INOUÏE DÉCHAÎNÈRENT ENSUITE LA MER. HAMAR EXPRIMAIT SON ÉPOUVANTABLE PUISSANCE EN EXCITANT UN CIEL DE FEU ET DE GLACE ET UNE TERRE BOUILLONNANTE DE RAGE.

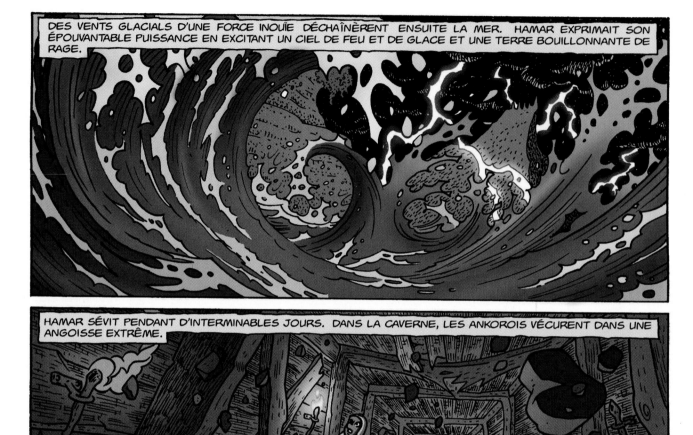

HAMAR SÉVIT PENDANT D'INTERMINABLES JOURS. DANS LA CAVERNE, LES ANKOROIS VÉCURENT DANS UNE ANGOISSE EXTRÊME.

LE CALME REVINT ENFIN. AVI-NOUK REGARDA LES RUINES DU VILLAGE SANS RESSENTIR APPAREMMENT AUCUNE ÉMOTION.

HAMAR N'AVAIT EN RIEN ALTÉRÉ SA PUISSANCE CRÉATRICE.

VITE! IL FAUT REBÂTIR!

Les quatre éléments

L'air c'est rafraîchissant
le feu c'est dévorant
la terre c'est tournant
l'eau — c'est tout différent.

L'air c'est toujours du vent
le feu c'est toujours bougeant
la terre c'est toujours vivant
l'eau — c'est tout différent.

L'air c'est toujours changeant
le feu c'est toujours mangeant
la terre c'est toujours germant
l'eau — c'est tout différent.

Et combien davantage encore ces drôles d'hommes
espèces de vivants
qui ne se croient jamais dans leur vrai élément.

Claude ROY

(*Enfantasques*, © Éditions Gallimard)

Lis cette légende sur cette source d'énergie phénoménale qu'est le Soleil.

Coyote et le soleil

En ce temps-là, le monde était très différent. Les montagnes ne s'élevaient pas aux mêmes endroits qu'aujourd'hui. Les eaux ne baignaient pas les mêmes terres. Le soleil, lui-même, ne régnait pas dans le ciel.

Oui, en ce temps-là, le monde était différent. Au pays de l'Ouest, derrière les hautes montagnes, le soleil ne brillait jamais. Il faisait si sombre en ces terres et la bise était si glaciale que jamais une fleur n'avait poussé là. Les habitants de ce pays malheureux étaient tristes et abattus. Leur regard était sans lumière, leur voix, sans chaleur. Mais l'un d'eux, appelé Coyote, était différent. C'était un chasseur vif et courageux.

Un jour, lancé à la poursuite d'une proie, Coyote fit irruption dans un pays inondé de lumière. Une brise tiède répandait doucement les délicats parfums de fleurs aux couleurs éclatantes. Des insectes multicolores dansaient autour d'arbres remplis de fruits charnus. Des oiseaux magnifiques chantaient joyeusement. Des hommes, des femmes et des enfants au visage radieux s'occupaient et jouaient gaiement.

Émerveillé, Coyote courut annoncer la bonne nouvelle à tous les siens. Mais le chef et les chamans ne comprirent rien à cette histoire inouïe. Ils crurent que Coyote était malade. Ils lui dirent de reposer son esprit fatigué. Reconnaissant qu'il avait sommeil, Coyote se coucha. Au réveil, il pensa qu'il avait rêvé.

Les jours passaient et Coyote continuait à penser au pays merveilleux. Il décida donc de retourner au-delà des montagnes pour voir si ce pays existait ou s'il avait rêvé. Non, il n'avait pas rêvé ! Une boule lumineuse accrochée dans le ciel bleu brillait joyeusement.

Hélas ! Rentré au pays de l'Ouest, Coyote ne réussit pas mieux à se faire comprendre que la première fois. Hanté par le souvenir des paysages fabuleux qu'il avait découverts, il résolut de s'emparer d'un morceau de la boule solaire et de le rapporter aux siens.

Près du pays lumineux, il se dissimula pour observer. Bientôt, il s'aperçut que le soleil appartenait au chef du village. Chaque matin, le chef sortait le soleil de sa tente et l'accrochait au ciel. À la fin du jour, il rentrait le soleil dans sa tente et en sortait la lune, pour la fixer à son tour au firmament.

Un soir que la femme du chef ramassait du bois sec, Coyote se transforma en branche morte. La femme ajouta cette branche à son fagot, qu'elle déposa au milieu de la tente pour le feu du lendemain. Profitant du sommeil de ses hôtes, Coyote reprit sa forme humaine, se saisit de l'astre solaire et s'enfuit.

Lorsqu'il montra aux siens cette lumière dorée, tous furent remplis d'admiration. Jamais ils n'avaient rien vu de si beau !

« C'est magnifique ! s'exclama le chef, mais qu'allons-nous en faire ?

— Nous poserons cette boule merveilleuse très haut dans le ciel, répondit Coyote. De là, elle répandra sa lumière et sa chaleur sur toute la terre. Ainsi, chacun profitera de ses bienfaits. »

Coyote se mit alors en route vers la plus haute montagne. Il marcha pendant des jours et des nuits. Arrivé au sommet, il lança le soleil dans le ciel, de toutes ses forces, et lui ordonna de se déplacer chaque jour de l'est à l'ouest.

Et c'est depuis ce temps que le soleil brille pour tous et que la terre est belle comme le jour.

● Dans cette légende, quelles différences y a-t-il entre le pays de l'Ouest et le pays lumineux ?

● Que penses-tu de Coyote ?

Lis ce texte qui explique à quel point le Soleil fournit de l'énergie sur la Terre.

Notre bonne étoile

Le Soleil est à l'origine de toute l'énergie qu'on trouve sur notre planète. Ses réactions nucléaires libèrent des quantités d'énergie phénoménales qui ne s'épuiseront pas avant cinq milliards d'années. Mais quelle est cette énergie?

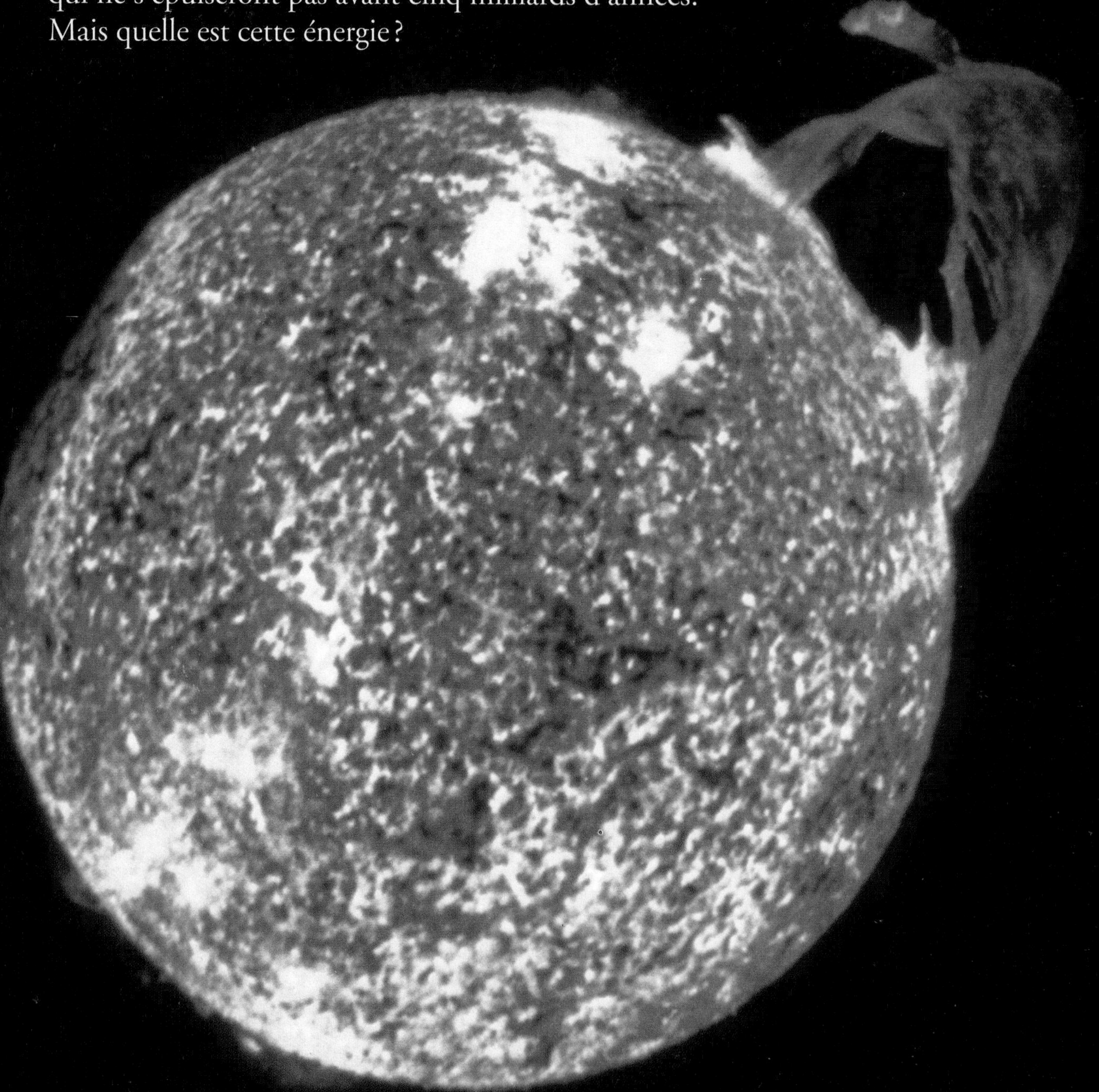

Le Soleil est une immense boule de gaz bouillants. Au cœur du Soleil, des atomes d'hydrogène se combinent pour former des atomes d'hélium. C'est la fusion nucléaire. Cette fusion fournit de l'énergie qui se propage sous forme de chaleur et de lumière.

De la chaleur

Grâce à sa chaleur, le Soleil produit sur la Terre un climat propice au développement d'êtres vivants. Les êtres humains ont toujours profité de la chaleur du Soleil pour se réchauffer. Aujourd'hui, on se sert de panneaux solaires pour chauffer les maisons ou pour produire de l'électricité.

Panneaux solaires sur le toit d'une maison.

En chauffant l'atmosphère, le Soleil met aussi en mouvement des masses d'air. Ce sont les vents. Depuis très longtemps, les humains utilisent les vents pour faire avancer des bateaux. Au Moyen Âge, on a utilisé l'énergie des vents, appelée *énergie éolienne*, pour actionner des moulins à vent. Aujourd'hui, on utilise de plus en plus l'énergie du vent pour produire de l'électricité.

Air froid

Air chaud

Les masses d'air chauffé par le Soleil s'élèvent. Les masses d'air plus froid descendent. Cela produit des vents plus ou moins violents.

Grâce aux éoliennes, on peut produire de l'électricité en évitant toute pollution de l'environnement.

Les moulins à vent servaient surtout à moudre le grain.

Le Soleil chauffe l'eau des océans, des lacs et des rivières, qui produit des nuages en s'évaporant, puis des pluies. C'est le cycle de l'eau. Les pluies et le ruissellement remplissent de grandes étendues d'eau sur lesquelles on peut ériger des barrages pour produire de l'électricité.

Le cycle de l'eau.

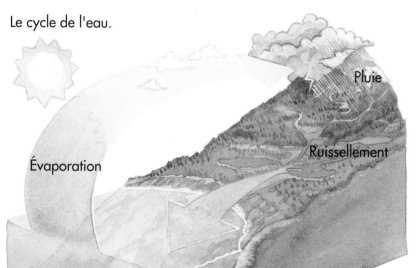

Évaporation

Pluie

Ruissellement

Au Moyen Âge, on se servait des courants d'eau pour faire tourner de grosses roues à aubes. La rotation de ces grosses roues actionnait des meules, des scies, des marteaux et d'autres outils.

La force de l'eau des barrages hydroélectriques actionne de grosses turbines qui produisent de l'électricité.

De la lumière

C'est grâce à la lumière du Soleil que les plantes peuvent pousser. Et ces plantes fournissent l'alimentation de base sur la planète, elles sont le premier maillon de la chaîne alimentaire. Les plantes sont la première source d'énergie des animaux.

Des végétaux enfouis depuis très longtemps dans le sol ont formé des gisements de pétrole et de charbon. Ces deux ressources naturelles viennent donc elles aussi du Soleil. On s'en sert abondamment dans le monde pour les transports. Dans bien des pays, on utilise aussi du charbon et du pétrole pour produire de l'électricité.

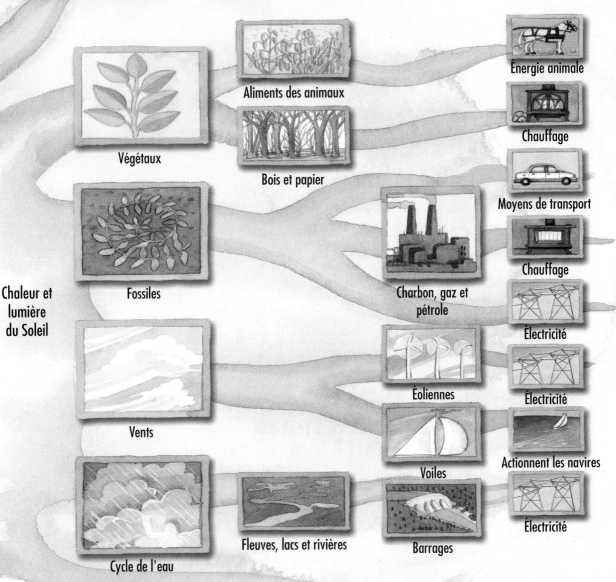

Chaleur et lumière du Soleil

Végétaux

Aliments des animaux

Bois et papier

Énergie animale

Chauffage

Moyens de transport

Fossiles

Charbon, gaz et pétrole

Chauffage

Électricité

Vents

Éoliennes

Électricité

Voiles

Actionnent les navires

Cycle de l'eau

Fleuves, lacs et rivières

Barrages

Électricité

Lis ce conte et trouve le rôle que joue chaque vent. Cherche à prédire la suite de l'histoire après chacun des épisodes.

Conte des quatre vents

Claire St-Onge

Le loup blanc

Il y a bien longtemps, dans une contrée lointaine, au creux d'une vallée profonde, vivaient un veuf infortuné et ses neuf enfants. Ces pauvres gens habitaient une misérable chaumière et dormaient à même le sol. Cette année-là, la récolte avait été si maigre et le gibier, si rare qu'ils ne se nourrissaient plus que de racines et d'écorces bouillies.

L'aînée des enfants prenait soin des plus petits. C'était une belle jeune fille du nom d'Aurélia. Elle était douce et courageuse, et jamais une plainte ne s'échappait de sa bouche.

Un jour qu'elle descendait à la rivière, Aurélia aperçut un magnifique loup blanc qui s'abreuvait. Dans le soleil matinal, la fourrure de l'animal scintillait comme un habit princier. Émue par tant de beauté, Aurélia contempla la bête. Le loup le sentit et posa sur la jeune fille un regard doux et mélancolique. Puis, avant de s'enfuir, il saisit entre ses dents la proie qu'il avait laissée sur la rive et vint la déposer aux pieds d'Aurélia.

Ce jour-là, la jeune fille cuisina un civet de lièvre qui régala toute la famille.

Le lendemain, une terrible tempête s'abattit sur la vallée. Le vent cruel entrait dans la chaumière par les murs fissurés. Le pauvre veuf et ses enfants allaient mourir de froid quand une violente rafale fit ouvrir la porte. Couvert de neige et de glace, le loup blanc se tenait sur le seuil. Il y versa un trésor de pièces d'or en disant : « Vieil homme, je vous apporte la richesse si vous me laissez emmener Aurélia. » Le malheureux veuf refusait de livrer sa fille bien-aimée à cet animal redoutable, mais Aurélia dit : « De grâce, mon père, acceptez. Je veux bien aller avec ce loup puisque, à cette condition, vous pourrez enfin vivre heureux tous ensemble. » Tout à coup, le vent se tut. La courageuse jeune fille était partie avec le loup.

Ils avancèrent longtemps en suivant la rivière, puis ils pénétrèrent dans une sombre forêt. Ils marchèrent encore tout un jour. À la nuit, ils arrivèrent devant un magnifique palais couvert d'or. Aurélia suivait le loup. Elle monta un grand escalier semé de flocons d'argent. Dans la chambre que le loup avait fait préparer pour elle, un feu crépitait dans l'âtre.
En la quittant pour la nuit, la bête dit à Aurélia :
« Il faut promettre de ne pas chercher à me voir la nuit, car il m'arriverait malheur ! »

Aurélia promit et le loup se retira.
La jeune femme se coucha.
Elle avait les paupières
lourdes. En sombrant dans
le sommeil, il lui sembla
bien entendre une
musique de luth,
mais déjà elle rêvait.

Les jours s'écoulèrent
tranquilles et
heureux au palais,
et Aurélia
s'attachait de
plus en plus
au loup blanc.
Hélas ! une
nuit, elle
s'éveilla en
entendant une
musique de luth triste
comme une plainte.
Émue, la jeune femme se leva.
Se laissant guider par les sons,
elle parvint à la chambre du loup.
Par la porte entrebâillée, elle vit
un prince d'une grande beauté.

«Malheur! s'écria le jeune homme en la voyant. Personne ne devait me voir avant la fin de l'enchantement! J'ai été ensorcelé et je ne reprends ma forme humaine que la nuit. Je suis maintenant condamné à retourner à l'est de la lune, dans la grotte de cristal où la sorcière Birka me gardera prisonnier. Adieu, ma bien-aimée!»

Et le prince disparut, et le palais doré aussi.

Seule au milieu de la forêt, Aurélia pleura. Quand elle n'eut plus de larmes, elle se leva et partit à la recherche du prince.

Bonjour, Vent d'est

Aurélia marcha longtemps avant de s'apercevoir qu'elle tournait en rond. C'est alors qu'elle songea aux grains de blé que son père lui avait donnés avant son départ. Elle décida d'en semer sur son chemin. Aussitôt, un vent printanier souleva les grains de blé et les éparpilla. Puis, un elfe bleu apparut. Ses ailes diaphanes étaient mouillées de rosée.

«Bonjour! dit l'elfe avec entrain.

— Bonjour, répondit Aurélia, étonnée. Qui es-tu?

— On m'appelle Vent d'est. Comme tu vois, je travaille. J'ai des milliards de grains de pollen à transporter dans le monde entier. Mais toi, que fais-tu seule dans cette forêt?

— Je cherche le prince, qui est prisonnier dans une grotte de cristal, quelque part à l'est de la lune. Connais-tu cette grotte?

— Je ne sais pas où se trouve cette grotte. Mais peut-être que Brise du sud, ma sœur, pourra te renseigner. Mes ailes frémissent. Elle ne doit pas être loin. En attendant, laisse-moi te chanter le doux printemps. Cela te consolera.»

(À suivre)

Matière à rire

Vous savez que j'ai un esprit scientifique. Or, récemment,
j'ai fait une découverte bouleversante !
En observant la matière de plus près...
j'ai vu des atomes...
qui jouaient entre eux...
et qui se tordaient de rire !
Ils s'esclaffaient !
Vous vous rendez compte...
des conséquences incalculables que cela peut avoir ?
Je n'ose pas trop en parler, parce que j'entends d'ici
les savants !
— Monsieur, le rire est le propre de l'homme !
Eh oui !...
Et pourtant !
Moi, j'ai vu, de mes yeux vu...
des atomes qui : « Ha, ha, ha ! »
Maintenant, de quoi riaient-ils ?
Peut-être de moi ?
Mais je n'en suis pas sûr !
Il serait intéressant de le savoir.
Parce que si l'on savait ce qui amuse les atomes,
on leur fournirait matière à rire...
Si bien qu'on ne les ferait plus éclater que de rire.
Et que deviendrait la fission nucléaire ?
Une explosion de joie !

Raymond DEVOS

(*Sens dessus dessous*, © Éditions Stock)

Amuse-toi en lisant ce conte abracadabrant.

Le volcan insomniaque

Claire St-Onge

La plupart des gens croient que les îles de l'océan Pacifique sont des oasis de paix. Ils ont tort. Certaines de ces îles sont de terribles bombes à retardement. C'est le cas de l'île Konk-Ké-Konk qu'habite la tribu des Pétonks-Kiries. Il n'y a pas si longtemps, en effet, cette île, située au large de l'archipel de Paka-Pow, a bien failli être rayée de la surface de la Terre...

Tout a commencé le jour où Kink-Konk, le volcan, s'est mis à souffrir d'insomnie. Lui qui dormait paisiblement depuis cinq cents ans s'est soudainement réveillé en pleine nuit. Impatienté parce qu'il n'arrivait pas à se rendormir, il a commencé à fumer, croyant que cela l'aiderait à se détendre. Kink-Konk fuma donc toute la semaine, mais il ne réussit qu'à polluer l'atmosphère de l'île. Il ne se rendormit pas et commença à bouillir d'impatience. Jour et nuit, le vieux volcan soupirait, toussait et s'activait, incapable de trouver le repos. Les Pétonks-Kiries n'avaient plus envie de rire!

Puis, le samedi matin, après une nuit particulièrement agitée, les insulaires eurent la surprise de leur vie. Kink-Konk avait changé de position: il se tenait maintenant sur la tête, présentant la forme d'un cône renversé!

« Mais il est fou, ce volcan! s'écria la femme du chef des Pétonks-Kiries.

— C'est catastrophique ! gémit un géologue. Si Kink-Konk demeure dans cette position trop longtemps, il va imploser !

— Qu'est-ce que ça veut dire, imploser ? demanda le chef.

— Ça veut dire exploser par en-dedans. Si cela se produit, notre île va disparaître, et nous avec elle ! » conclut le géologue en verdissant.

Soudain, un grondement terrible suivi d'une secousse extraordinaire jeta tout le monde par terre. Kink-Konk venait de reprendre sa position normale. La tribu, qui s'était rassemblée sur la place du village, poussa un soupir de soulagement.

« Quel idiot ! Il finira par nous tuer ! murmurait-on.

— Ça ne peut plus durer ! Il faut agir ! » lançaient les plus décidés.

Mais que peut-on faire contre les caprices d'un volcan insomniaque ? Perplexes, les Pétonks-Kiries se grattaient la tête à l'unisson.

« L'heure est grave, déclara le chef. Si Kink-Konk ne s'apaise pas bientôt, nous devrons abandonner l'île ! »

Les Pétonks-Kiries se mordaient les doigts de désespoir, car personne ne souhaitait partir. C'est alors que l'ancêtre de la tribu s'avança. On se tut pour l'écouter.

« Ce qu'il faut à Kink-Konk, c'est un somnifère. J'ai longtemps souffert d'insomnie, mais depuis que je prends ma tisane à la camomille avant d'aller au lit, je dors comme un bébé ! Si ça fonctionne pour une vieille comme moi, ça devrait fonctionner pour ce vieux Kink-Konk ! »

Le géologue ricana.

« Une tisane pour un volcan ? On aura tout entendu ! On dirait qu'il n'y a pas que Kink-Konk qui soit tombé sur la tête, aujourd'hui !

— Ça ne coûte rien d'essayer, répliqua l'ancêtre. Ce ne sont pas les champs de camomille qui manquent sur Konk-Ké-Konk. Mais peut-être avez-vous une meilleure idée, monsieur-le-savant ? »

Le géologue haussa les épaules. Il trouvait inutile de discuter avec une vieille dérangée. Mais tous les autres, qui respectaient énormément l'ancêtre, applaudirent à son idée. Après tout, n'était-ce pas elle qui, autrefois, les avait sauvés d'une invasion de fourmis vertes et de la fièvre mauve ?

Les Pétonks-Kiries se mirent donc à l'œuvre. Pour faire monter la tisane jusqu'au sommet, ils fabriquèrent un tuyau en bambou long de trois kilomètres. On transporta la pompe du village près du cratère. On envoya les enfants cueillir les énormes quantités de camomille nécessaires à l'infusion. Puis on apporta sur la grande place tous les chaudrons disponibles et on alluma un immense feu pour faire bouillir l'eau.

Les Pétonks-Kiries travaillèrent sans relâche, priant, entre deux tremblements de terre, pour que Kink-Konk les laisse enfin tranquilles.

Après trois jours, tout était prêt pour l'expérience. À l'aide du tam-tam installé sur la grande place, le chef transmit l'ordre de déversement à l'équipe chargée d'actionner la pompe au sommet de Kink-Konk.

« Envoyez la tisane ! » battit le tam-tam.

Aussitôt, on déversa dans le cratère des milliers de litres de tisane à la camomille. En bas, les Pétonks-Kiries retenaient leur souffle.

Une heure passa sans la moindre secousse. Les Pétonks-Kiries commençaient à respirer. Certains criaient déjà victoire quand la terre se mit à trembler de nouveau. Mais cette fois, c'était différent : les vibrations étaient lentes et régulières. Sous les pieds des Pétonks-Kiries, le sol se soulevait et retombait lentement, au rythme de la respiration de Kink-Konk. Les Pétonks-Kiries n'en revenaient pas.

«Ma parole, voilà qu'il ronfle, à présent ! s'écria le chef qui s'y connaissait.

— Dites donc, l'ancêtre, vous n'auriez pas un remède contre les ronflements de volcans ? demanda l'apothicaire, toujours en quête de nouveauté.

— Maman, j'ai mal au cœur ! souffla un tout petit Pétonk-Kirie.

— Nous n'aurons donc jamais la paix ? » se lamenta sa mère.

Et elle avait raison, car depuis ce jour les Pétonks-Kiries ont l'impression de vivre sur un navire ballotté par les flots. Ils ont la démarche des gens ivres et souffrent du mal de mer. Mais comme le déclarait l'ancêtre à la presse internationale : «Mieux vaut un volcan qui ronfle qu'un volcan qui se réveille.» Ce en quoi elle avait raison, une fois de plus.

- Quel était le problème des habitants de Konk-Ké-Konk ? Comment l'ont-ils résolu ?
- Que penses-tu de la fin de cette histoire ? Imagine une suite.

Le mont Saint Helens : un volcan plein d'énergie

Avant l'éruption de 1980, la cheminée et le cratère du mont Saint Helens étaient obstrués par un bouchon de lave refroidie. À cause de ce bouchon, une pression énorme s'est accumulée à l'intérieur du volcan quand le magma a cherché à sortir. Cette pression est devenue tellement forte qu'en se libérant elle a fait s'effondrer la moitié du mont.

Les vulcanologues ont estimé que l'énergie libérée par l'explosion du mont Saint Helens équivalait à la puissance de 500 bombes atomiques comme celle d'Hiroshima.

Sais-tu ce qu'est un accumulateur d'énergie ? Lis ce texte pour le savoir.

Les accumulateurs d'énergie

As-tu déjà observé le va-et-vient des écureuils en automne ? Ils ramassent tout ce qui leur semble comestible. Ils savent que la nourriture est la source d'énergie de tout être vivant. Ils accumulent donc toute la nourriture qu'ils peuvent pendant qu'elle est disponible. Toi aussi, pendant la journée, tu fais des provisions. Lors de chaque repas, tu accumules l'énergie dont tu auras

besoin pour jouer ou travailler jusqu'au prochain repas.

La pile qui alimente une lampe de poche est un autre accumulateur d'énergie. La pile renferme des produits chimiques qui produisent de l'énergie électrique. Après un certain temps, l'énergie emmagasinée dans les produits chimiques s'épuise et la lampe ne s'allume plus. On dit que la pile est à plat.

La pierre chauffée par les rayons du soleil est aussi un accumulateur d'énergie. Le soir, longtemps après que le soleil a disparu, la pierre dégage la chaleur qu'elle a accumulée pendant le jour. Et la chaleur, c'est une forme d'énergie. Partout autour de toi, à tout moment, il y a des accumulations et des dépenses d'énergie.

Conte des quatre vents *(suite)*

Bonjour, Brise du sud

L'elfe avait raison. Sa chanson redonna courage à Aurélia. Il était si content qu'il dit à la jeune fille : «Prends ce bulbe de perce-neige magique. Il pourra t'être utile. Pour faire pousser autant de perce-neige que tu voudras, tu n'auras qu'à claquer des doigts.»

Aurélia pensa que ce bulbe magique était bien inutile, mais elle le mit dans sa poche pour ne pas peiner l'elfe. Satisfait, Vent d'est repartit joyeusement ensemencer les prés et les bois de ce côté-ci du monde.

Aurélia s'assit pour attendre Brise du sud. Comme il faisait de plus en plus chaud, elle enleva son manteau. C'est alors qu'elle aperçut au-dessus d'elle une drôle de petite fille papillon. Brise du sud, car c'était elle, avait la peau noire, de magnifiques cheveux crépus et des ailes de papillon aux couleurs extraordinaires. Elle se mit à virevolter en jouant sur sa flûte de roseau un air gai et léger comme l'été. L'étrange fillette jouait la tête en bas en faisant des clins d'œil espiègles à Aurélia. Les arbres et les fleurs dansaient gaiement, et l'herbe folle ondulait en longues vagues, comme une mer de verdure.

Quand Brise du sud eut fini son numéro, Aurélia riait aux éclats. Elle demanda à Brise du sud de lui indiquer le chemin menant à la grotte de cristal. Brise du sud répondit : «Bien sûr, je voyage beaucoup, mais il y a des endroits où je ne vais jamais. Peut-être la grotte de cristal s'y trouve-t-elle. Pardonne-moi, dit-elle, soudain attristée. Prends ma flûte. Si un jour tu as froid, tu n'auras qu'à en jouer et il fera chaud. Et plus tu souffleras, plus il fera chaud.»

Puis, comme elle n'était jamais triste longtemps, Brise du sud s'écria : «Mais j'y pense ! Vent d'ouest, mon grand frère, a sûrement déjà visité l'endroit que tu cherches. Je l'entends qui se démène à l'orée du bois. Allez, prépare-toi à te faire secouer. Moi, je file ; autrement, j'attraperai froid et il pleuvra.»

Et Brise du sud repartit vers les étés sans fin.

Bonjour, Vent d'ouest

Presque aussitôt, le ciel s'obscurcit. Des roulements de tonnerre précédés d'éclairs déchirants se firent entendre. Une bourrasque fit ployer les branches des grands arbres. Il ventait si fort qu'Aurélia fut jetée par terre.

C'est un géant ailé qui l'aida à se relever. Il avait le visage mouillé de pluie et ses longs cheveux étaient tressés de varech. Vent d'ouest, car bien sûr c'était lui, avait une voix grave et profonde. Il dit en souriant : « Navré de vous avoir bousculée. On peut sans doute me reprocher d'être brusque, mais jamais d'avoir abandonné mes amis.

— Vraiment ? répondit Aurélia en lui rendant son sourire. Je suis contente de vous voir, car Brise du sud m'a dit que vous connaissiez peut-être le chemin qui mène à la grotte de cristal où mon prince est prisonnier. »

Vent d'ouest se frotta le menton de sa grosse main rugueuse.

« Je voyage le long des océans et au milieu des déserts. J'ai bien entendu parler de cette grotte, dit-il, mais...

— Mais ? fit Aurélia, pleine d'appréhension.

— Mais je ne connais pas le chemin que tu cherches, finit par avouer Vent d'ouest. Guette plutôt l'arrivée de Vent du nord, ma mère. Elle connaît tous les chemins secrets. »

Et Vent d'ouest s'envola brusquement en faisant lever un vilain nuage de poussière.

« Il est brusque et il vient de m'abandonner », pensa Aurélia amèrement.

Le jour s'achevait tristement. Aurélia se coucha pour attendre la nuit.

(À suivre)

À partir de cette expérience, explique ce qu'est la convection.

La convection

Matériel

- Une feuille de papier de bricolage rigide
- Une bobine de fil
- Une épingle
- Un crayon à mine avec une efface au bout
- Une source de chaleur (radiateur, plinthe chauffante ou convecteur)

Réalisation

1. Découpe une spirale dans le papier de bricolage pour faire un serpentin. Étire le serpentin pour former une hélice.

2. Fixe la queue du serpentin à l'efface du crayon à mine avec l'épingle.

3. Insère le crayon à mine dans le trou de la bobine de fil pour le faire tenir bien droit.

4. Place ton montage sur une source de chaleur.

5. Fais des hypothèses sur ce qui va se passer.

6. Note tes observations.

7. Discute avec tes camarades pour expliquer le phénomène.

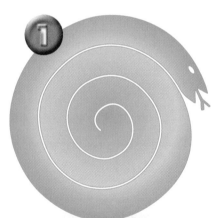

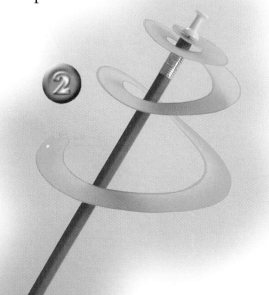

Fais une hypothèse: quel est le contenant qui conservera le mieux la chaleur du Soleil?

Conserver la chaleur du Soleil

Matériel

- Trois contenants identiques
- Du papier noir
- Du papier d'aluminium
- Du ruban adhésif
- Trois thermomètres
- Du sable ou de la terre

Réalisation

1. Remplis complètement les trois contenants avec du sable ou de la terre.

2. Recouvre un contenant avec du papier noir. Fixe le papier avec du ruban adhésif.

3. Recouvre un autre contenant avec du papier d'aluminium. Mets le côté luisant du papier à l'extérieur. Fixe le papier avec du ruban adhésif.

4. Laisse le troisième contenant tel quel.

5. Prends les trois thermomètres et assure-toi qu'ils indiquent la même température. Secoue-les au besoin.

6. Place un thermomètre dans chaque contenant. Fais un petit trou dans les deux pots couverts pour y insérer le thermomètre.

7. Mets les trois contenants au bord d'une fenêtre de façon que chacun reçoive la même quantité de lumière directe du Soleil.

8. Note les températures aux 15 minutes pendant environ 2 heures dans un tableau à 3 colonnes.

9. Compare les données que tu as recueillies et formule des hypothèses pour expliquer les écarts de températures.

10. Mets ensuite les 3 contenants à l'ombre et enregistre les températures toutes les 15 minutes pendant encore 2 heures.

11. Compare encore une fois les écarts de températures et essaie de les expliquer.

Conte des quatre vents *(suite)*

Bonjour, Vent du nord

Aurélia allait s'endormir quand une aurore boréale
se forma au-dessus d'elle. Au milieu de voiles
de lumières changeantes, une dame
étrangement belle reposait ses grandes
ailes tissées de flocons de neige. Ses fines
mains transparentes étaient ornées de
cristaux étincelants. Avec une infinie lenteur,
Vent du nord, car bien sûr c'était elle, caressa
les cheveux d'Aurélia.

« Ne désespère pas, mon enfant ! Je sais tous
les contes du monde entier. Je connais donc
le chemin secret qui mène à la grotte de cristal. »

Vent du nord installa aussitôt Aurélia entre ses ailes de dentelle
givrée et elles s'envolèrent par-delà les nuages. Partout où elles passaient,
les rivières gelaient, les plaines et les montagnes se couvraient d'un épais manteau
de neige. Sous le souffle puissant de Vent du nord, la mer se déchaînait et
les barques dansaient comme des coquilles vides.

Elles volèrent longtemps, longtemps,
sans jamais s'arrêter. Une nuit,
une île de roc et de glace
apparut au milieu de l'océan.
Éclairée par la lune,
la grotte de cristal luisait
sinistrement. « Adieu,
je suis fatiguée ! » souffla Vent du nord
avant de tomber sur
la mer et de s'endormir
profondément.

La grotte de cristal

Dans la clarté lunaire, Aurélia se dirigea vers la grotte. Un horrible vautour en défendait l'accès.

« Que veux-tu ? croassa le rapace.

— Je veux voir le prince, répondit fermement Aurélia.

— Le prince est prisonnier. Personne ne peut le voir. Birka l'a condamné à épouser sa fille, l'affreuse Sagrippette. Les noces auront lieu ce matin à l'aube », ricana le terrifiant volatile.

« Il faut pourtant que j'entre dans cette grotte », pensait désespérément Aurélia. Curieusement, Vent d'ouest lui revint alors en mémoire. Aussitôt, un brusque tourbillon de sable s'éleva. Aurélia se retrouva par terre. Le vautour, lui, fut complètement aveuglé par la poussière.

Aurélia ne perdit pas de temps. Elle se précipita dans la grotte. D'énormes stalagmites montaient du sol, cherchant à rejoindre les stalactites qui pendaient de la voûte comme de terribles épées. La grotte brillait d'un éclat surnaturel. Bientôt un passage étroit s'ouvrit devant Aurélia. Sans hésiter, elle s'y engagea. Elle descendait toujours plus profondément dans la terre. Puis, après ce qui lui parut une éternité, elle arriva dans une grande salle. Le prince était là, prisonnier sous une mince couche de calcaire transparent.

« Il faut que je brise cette croûte ! » s'exclama Aurélia, qui s'arrachait les ongles sur le calcaire rugueux. C'est alors qu'elle pensa au bulbe de perce-neige magique. Elle le glissa dans le trou par lequel le prince respirait. Le bulbe se trouvait maintenant entre le jeune homme et la couche de calcaire. Aurélia se mit à claquer des doigts. Des milliers et des milliers de perce-neige commencèrent alors à pousser sous le calcaire. Le prince risquait l'étouffement. Mais bientôt des millions de fleurs faisaient craquer la couche pierreuse en la soulevant de leur brave petite tête. Le prince était libre.

« Vite, courons ! » cria Aurélia en entraînant le jeune homme. Dehors, le vautour avait donné l'alerte et des gardes s'amenaient. Avec l'énergie du désespoir, Aurélia se mit à souffler dans la flûte que Brise du sud lui avait donnée. Elle soufflait en direction de la mer. L'eau de la mer se réchauffa et il se forma une brume si dense qu'on n'y voyait rien à deux pas. Aurélia et le prince purent ainsi échapper à leurs poursuivants et atteindre le rivage.

Vent d'ouest, qui, comme chacun sait, n'abandonne jamais ses amis, n'était pas loin. Il venait de réveiller sa mère... peut-être un peu brusquement.

Après avoir installé Aurélia et le prince entre ses ailes floconneuses, Vent du nord souffla tant et tant que l'île maléfique fut submergée.

Enfin débarrassés de Birka et de Sagrippette, le prince et Aurélia s'épousèrent et eurent de nombreux enfants. Vécurent-ils longtemps ? Certains soirs, la mer raconte qu'ils vivent encore aujourd'hui, dans leur palais exposé aux quatre vents.

Voici une expérience qui te permettra
de mieux comprendre l'électricité statique.

L'électricité statique

Matériel

- Du papier d'aluminium
- Des morceaux de papier blanc
- Un ballon
- Une règle en plastique, une règle
  en bois et une règle en métal
- Des morceaux de laine ou des tissus fibreux
  (foulard, chandail, chaussettes, tuque, etc.)

Réalisation

1. Frotte un ballon contre un vêtement de laine ou un tissu fibreux.

2. Approche le ballon des morceaux de papier blanc.

3. Approche le ballon des morceaux de papier
   d'aluminium.

4. Frotte un ballon sur tes cheveux et approche-le
   des morceaux de papier
   blanc et de papier
   d'aluminium.

5. Frotte une règle en plastique, une règle en bois et une règle en métal contre du tissu et approche-les des morceaux de papier blanc et de papier d'aluminium.

Dans quelles circonstances les papiers sont-ils le plus attirés?

La charge électrique des atomes

La matière est constituée d'atomes. Chaque atome renferme des charges électriques :

● les protons ont des charges électriques positives (+);

● les électrons ont des charges électriques négatives (−);

● les neutrons n'ont pas de charge électrique.

Si tu touches un objet sans que cela produise une étincelle ou une décharge, c'est parce que cet objet possède autant de charges positives que de charges négatives. Il est équilibré et il ne se passe rien. Mais si tu frottes deux objets l'un contre l'autre, un ballon contre un chandail par exemple, tu peux briser cet équilibre. Le ballon gagne des charges négatives du chandail. Il devient chargé négativement. Le chandail, qui a perdu des charges négatives, devient chargé positivement. Ce deux objets ont alors tendance à se coller ensemble comme les pôles opposés d'un aimant.

Qu'est-ce qui produit l'éclair? Cette expérience t'aidera à mieux cerner ce phénomène.

L'éclair

Les éclairs qu'on voit lors d'un orage sont en quelque sorte une réplique géante de l'étincelle que tu provoqueras dans cette expérience.

Matériel

- Des ciseaux
- Une assiette en styromousse
- Du ruban-cache
- Une assiette en aluminium

Réalisation

1. Coupe un « L » dans un des coins de l'assiette en styromousse.

2. À l'aide du ruban-cache, colle une extrémité du « L » à l'intérieur de l'assiette en aluminium. Ce morceau de styromousse servira de poignée pour manipuler l'assiette.

3. Prends l'assiette en styromousse que tu as découpée et frotte-la sur tes cheveux d'un mouvement de va-et-vient rapide.

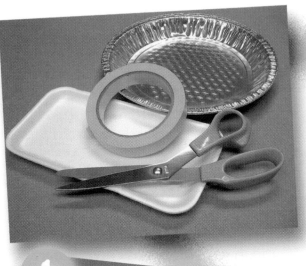

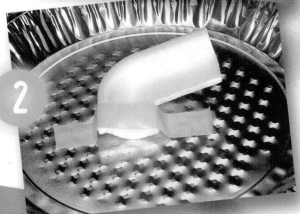

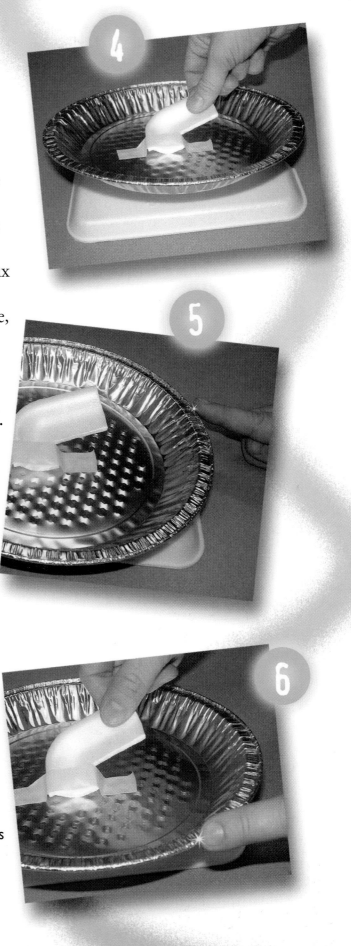

4. Dépose l'assiette en styromousse à l'envers sur la table. À l'aide de la poignée de styromousse, laisse tomber l'assiette en aluminium sur l'assiette en styromousse.

5. Très lentement, touche à l'assiette en aluminium du bout du doigt. Qu'est-ce que tu observes ? Éteins la lumière ou réalise l'expérience dans une pièce sombre pour mieux voir l'étincelle. Attention : si tu touches à l'assiette en styromousse, aucun éclair ne se produira.

6. À l'aide de la poignée, soulève l'assiette en aluminium, puis approche ton doigt de son rebord. Une autre étincelle !

7. Laisse de nouveau tomber l'assiette en aluminium sur l'assiette en styromousse et touche à l'assiette en aluminium. Une étincelle se produira. Tu peux répéter les étapes 5 à 7 plusieurs fois. Si les étincelles disparaissent, frotte de nouveau l'assiette en styromousse sur tes cheveux et recommence.

La sorte d'électricité que tu viens de produire est appelée *électricité statique*.

- Comment expliques-tu le phénomène ?
- Quels liens établis-tu avec les éclairs lors d'un orage ?
- Connais-tu d'autres expériences qui illustrent un type d'énergie ? Lesquelles ?

Lis ce texte fantaisiste qui a lieu dans le futur.

Chaotique

Claire ST-ONGE

Le 5 octobre 2057, il est 7 h 45. Steffie rêve qu'elle est en vacances au bord de la mer lorsque son robot domestique la secoue brusquement. Réveillée en sursaut, elle tombe du lit.

« Qu'est-ce qui te prend ? Tu pourrais me réveiller un peu plus doucement, non ? »

Insensible au mécontentement de Steffie, le robot l'attrape par le col de son pyjama et l'entraîne sous la douche. Steffie proteste, mais en vain : son robot est beaucoup plus fort qu'elle.

Pendant qu'elle se laisse habiller, Steffie jette un coup d'œil par la fenêtre. Quelques éclairs jaunes et orangés traversent au loin le ciel sombre. « On dirait qu'il va pleuvoir », songe Steffie. Elle espère seulement qu'elle aura le temps de se rendre à l'école avant que l'orage n'éclate.

Sur la table de la cuisine, un hologramme de sa mère l'informe qu'elle est partie régler une affaire urgente à la station spatiale internationale et qu'elle sera de retour demain. Steffie éteint l'hologramme et attaque le bol d'algues que vient de lui servir son robot. À la première cuillerée, elle grimace et recrache la nourriture.

« Beurk ! Espèce d'idiot ! Tu ne sais donc plus lire ? Tu m'as servi les croquettes du chien ! Mais qu'est-ce que tu as donc aujourd'hui ? »

Steffie n'a plus du tout faim. Maugréant contre son imbécile de robot, elle attrape son ordinateur de poche, saute sur sa planche autopropulsée et s'élance en direction de l'école.

Des éclairs bleus, orange et jaunes, de plus en plus nombreux, zèbrent le ciel. « C'est curieux, songe Steffie, on n'entend aucun coup de tonnerre et il ne tombe même pas une goutte. »

Elle vole à une bonne altitude au-dessus des maisons lorsque sa planche se met à zigzaguer dangereusement. Elle vire à gauche, à droite, pique du nez, remonte en flèche, obligeant Steffie à improviser de savantes pirouettes pour garder son équilibre. Heureusement, l'école n'est plus très loin. Steffie réussit un atterrissage en catastrophe dans la cour. « Cette planche a besoin d'une bonne mise au point », se dit-elle, un peu sonnée et très en retard...

En entrant dans la salle de classe, elle s'aperçoit tout de suite qu'il y a quelque chose qui cloche. Les élèves ont quitté leur place et s'amusent à se lancer des dizaines de collations que le robot-distributeur vient de laisser échapper. Debout devant son tableau, le robot-prof tourne sur lui-même en récitant des phrases sans queue ni tête : « Le pluriel des verbes sert à multiplier 396 et *thank you*, et nous allons faire un exercice de mémo... de mémo... de mémorisation... »

Steffie, qui n'a jamais beaucoup aimé son robot-prof, se dit qu'il est « complètement zinzin ».

« Répétez après moi... *Repeat* après moi... *after me*... *Repeat after me* », continue le prof détraqué en tournant sur lui-même.

Steffie fronce les sourcils. « Tout ça n'est vraiment pas normal. Je ferais mieux de retourner dehors pour voir ce qui se passe... »

Et elle décide de laisser sa planche à l'école, jugeant qu'il est plus prudent de marcher.

Dans les rues du centre-ville, c'est le chaos total. Une vision d'horreur.

Les autos volantes vont dans tous les sens, sans aucun respect pour les règles de la circulation. On ne compte plus les accrochages aériens. Les voitures tombent dans la rue comme des mouches... Pendant que les piétons courent se mettre à l'abri, des robots-nettoyeurs recrachent des kilos de déchets sur les trottoirs. Un robot-camelot passe à toute vitesse devant Steffie en lançant des journaux à la tête des passants affolés.

Steffie s'arrête un moment pour admirer le ciel chargé d'éclairs colorés.

« Tu ferais mieux de rentrer chez toi, lui crie un homme poursuivi par un robot-arroseur. C'est un orage magnétique d'une violence effroyable. Tous les robots sont devenus fous ! Il faut les neutraliser en attendant que ça passe. »

Un orage magnétique... Steffie en a déjà entendu parler, mais c'est la première fois qu'elle en voit un. On lui a déjà expliqué qu'un orage magnétique, même de faible intensité, pouvait dérégler les microcircuits ultrasensibles des pièces électroniques, tout spécialement ceux des robots humanoïdes. Les robots touchés se détraquent aussitôt et peuvent même devenir dangereux.

Steffie se souvient tout à coup que son robot domestique n'avait pas l'air dans son assiette ce matin. Songeant aux dégâts que cet imbécile serait bien capable de faire, Steffie décide de rentrer tout de suite à la maison.

* * *

Dans la cuisine, le robot déréglé chante à tue-tête. Il est en train de décorer un immense gâteau d'anniversaire qu'il a confectionné avec tout ce qu'il a pu trouver : poulet déshydraté, tomates en poudre, huiles de racines, rouleaux d'œufs, pâte de crevettes, poisson congelé, ail, soupe en conserve...

Pendant que le robot est occupé à écrire *Bonne fête* avec un tube de moutarde, Steffie se faufile à quatre pattes sous la table pour aller lui arracher du ventre son bloc d'alimentation. Mais au moment où elle va atteindre son objectif, le robot fait demi-tour et se dirige vers le salon. Steffie le suit sans faire de bruit. Il ne faut surtout pas qu'elle attire son attention car, dans l'état où il est, son robot pourrait la prendre pour un voleur et lui faire goûter à son rayon paralysant!

Le robot délinquant a dégainé son boyau aspirateur et il nettoie fébrilement l'aquarium en siphonnant tous les poissons. Bientôt, il n'en reste plus qu'un seul, le préféré de Steffie. Il n'y a plus une seconde à perdre. Elle s'élance de toutes ses forces et saute sur le dos du robot, qui tombe à la renverse. À demi étouffée sous le poids, Steffie, dans un ultime effort, parvient à dégager un bras et à atteindre le bloc d'alimentation. Le robot s'immobilise enfin, inerte.

« Ouf ! » Steffie n'aurait jamais cru qu'il pouvait être si difficile de neutraliser un robot domestique. À présent, ce qu'elle espère, c'est que l'orage magnétique s'achève bientôt et que tout rentre dans l'ordre.

Cette nuit-là, Steffie rêve que son robot-prof, trop abîmé par l'orage, est envoyé à la ferraille et qu'il est remplacé par un vrai enseignant, en chair et en os, comme on en voit parfois dans les vieux films du début des années 2000.

Mais ce n'est qu'un rêve de plus, car il y a belle lurette que les vrais profs ont disparu...

- Aimerais-tu vivre à l'époque et dans le contexte où se passe l'histoire ? Explique.
- Crois-tu qu'un jour la vie va être telle qu'on la présente dans ce scénario ?

Le vent

Où est-il donc le vent
  Que je le prenne
  Que je l'emmène
  Le vent du nord
  Le vent qui mord
  Le vent qui défait tes cheveux
  Le vent qui vire tout à l'envers
  Qui éparpille nos adieux
  Aux quatre coins de l'univers
  Dans la neige en hiver
  Et l'été dans le vert de nos gazons...

  Le vent qui sème la tempête
  Et qui affole la raison
  Et qui fait les quatre cents coups
  Et qui fait les quatre saisons

  Le vent qui emporte nos voix
  Toutes nos voix perdues d'avance
  Dans ce pays par trop immense
  Où les voix perdent la raison

  Le vent qui fait claquer ma porte
  Le vent que le diable l'emporte
  Au plus profond de ses enfers
  Et qu'il emporte ma chanson

Georges DOR

(*Poèmes et chansons d'amour et d'autre chose*, « Le vent »,
© Leméac éditeur (Bibliothèque Québécoise) 1991)

Lorsque tu énumères des mots ou des groupes de mots,
tu dois les séparer par une virgule. Attention ! Tu dois unir
les deux derniers mots ou groupes de mots par le mot et ou ou.

Quelques emplois de la virgule

Ces mots ou groupes de mots séparés par des virgules peuvent être...

- des groupes du nom :

  Le charbon, le gaz **et** *le pétrole* **sont des matières très énergétiques.**

- des adjectifs :

  Les différentes formes d'énergie sont l'énergie *mécanique, thermique, électrique, chimique, lumineuse* **et** *nucléaire.*

- des groupes du verbe :

  Le vieux volcan *soupirait, toussait, crachait* **et** *s'activait.*

Tu peux aussi employer la virgule pour isoler
ou encadrer un mot ou un groupe de mots.

Ce mot ou groupe de mots peut être...

- un complément de phrase :

  Soudain, **un grondement terrible jeta tout le monde par terre.**

- un complément du nom :

  La tribu, *rassemblée sur la place du village,* **poussa un soupir de soulagement.**

- des mots qui désignent la ou les personnes à qui l'on s'adresse :

  — **Dites donc,** *l'ancêtre,* **vous n'auriez pas un remède contre les ronflements de volcans ?**

  — *Maman,* **j'ai mal au cœur !**

- des mots qui indiquent la ou les personnes qui parlent :

  — **L'heure est grave,** *déclara le chef.*

Voici comment se conjuguent la plupart des verbes au **conditionnel présent**.

Le conditionnel présent

	Infinitif	Terminaisons du verbe **avoir** à l'imparfait
J'	aimer	ais
Tu	finir	ais
Il / Elle	manger	ait
Nous	partir	ions
Vous	accepter	iez
Ils / Elles	mentir	aient

C'est facile ! Tu trouves d'abord le nom du verbe, c'est-à-dire son infinitif, puis tu ajoutes les terminaisons du verbe **avoir** à l'imparfait.

Attention ! Au conditionnel présent, il arrive qu'on n'entende pas le e (devant le r) de certains verbes qui se terminent par **ier**, **uer**, ou **éer**. Tu ne dois pas l'oublier quand tu écris ces verbes.

oublier → j'oubli**e**rais

polluer → ils pollu**e**raient

créer → tu cré**e**rais

Cependant, plusieurs verbes ne forment pas leur conditionnel présent à partir de l'infinitif. Ce sont des verbes irréguliers. Voici les plus courants.

aller	→ j'irais		être	→ je serais
prendre	→ tu prendrais		voir	→ tu verrais
avoir	→ il aurait		valoir	→ il vaudrait
rendre	→ elle rendrait		dire	→ elle dirait
savoir	→ nous saurions		faire	→ nous ferions
devoir	→ vous devriez		vouloir	→ vous voudriez
tenir	→ elles tiendraient		pouvoir	→ elles pourraient
envoyer	→ ils enverraient		venir	→ ils viendraient

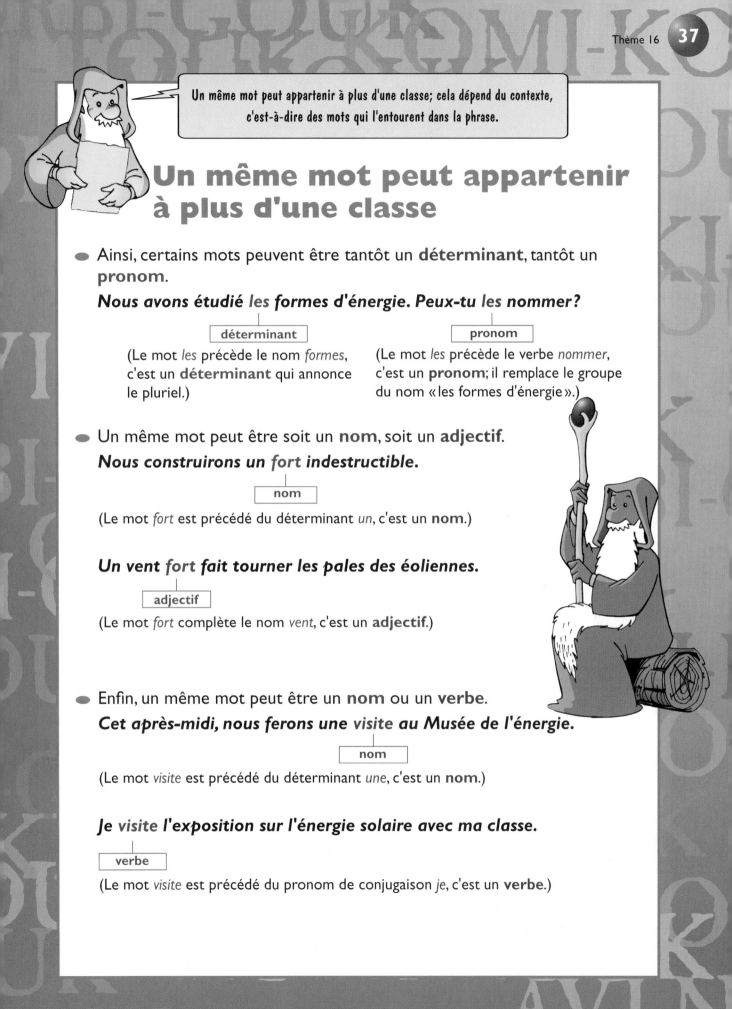

> Un même mot peut appartenir à plus d'une classe; cela dépend du contexte, c'est-à-dire des mots qui l'entourent dans la phrase.

Un même mot peut appartenir à plus d'une classe

- Ainsi, certains mots peuvent être tantôt un **déterminant**, tantôt un **pronom**.

  Nous avons étudié les formes d'énergie. Peux-tu les nommer ?

  | déterminant | pronom |

  (Le mot *les* précède le nom *formes*, c'est un **déterminant** qui annonce le pluriel.)

  (Le mot *les* précède le verbe *nommer*, c'est un **pronom**; il remplace le groupe du nom « les formes d'énergie ».)

- Un même mot peut être soit un **nom**, soit un **adjectif**.

  Nous construirons un fort indestructible.

  | nom |

  (Le mot *fort* est précédé du déterminant *un*, c'est un **nom**.)

  Un vent fort fait tourner les pales des éoliennes.

  | adjectif |

  (Le mot *fort* complète le nom *vent*, c'est un **adjectif**.)

- Enfin, un même mot peut être un **nom** ou un **verbe**.

  Cet après-midi, nous ferons une visite au Musée de l'énergie.

  | nom |

  (Le mot *visite* est précédé du déterminant *une*, c'est un **nom**.)

  Je visite l'exposition sur l'énergie solaire avec ma classe.

  | verbe |

  (Le mot *visite* est précédé du pronom de conjugaison *je*, c'est un **verbe**.)

Le tréma (¨), placé sur la lettre **e** ou **i** (ë, ï), indique que tu dois prononcer séparément deux voyelles qui se suivent.

Le tréma

*ha**ï**r, ma**ï**s, na**ï**ve*

*égo**ï**ste, héro**ï**ne*

*N**oë**l, Isra**ë**l*

Certains adjectifs qui se terminent par **u** prennent un tréma sur le **e** au féminin.

*ambig**u** → ambig**uë***

*aig**u** → aig**uë***

La cédille (¸), placée sous la lettre **c** (ç) devant **a**, **o** ou **u**, indique que le **c** se prononce [s] et non [k].

La cédille

ça	*garçon*	*déçu*
français	*caleçon*	*aperçue*
avançait	*leçon*	*reçu*
plaçais	*hameçon*	*gerçure*
grinçant	*effaçons*	*conçu*
glaçage	*commençons*	

Épisode 17 • LA CIVILISATION DISPARUE •

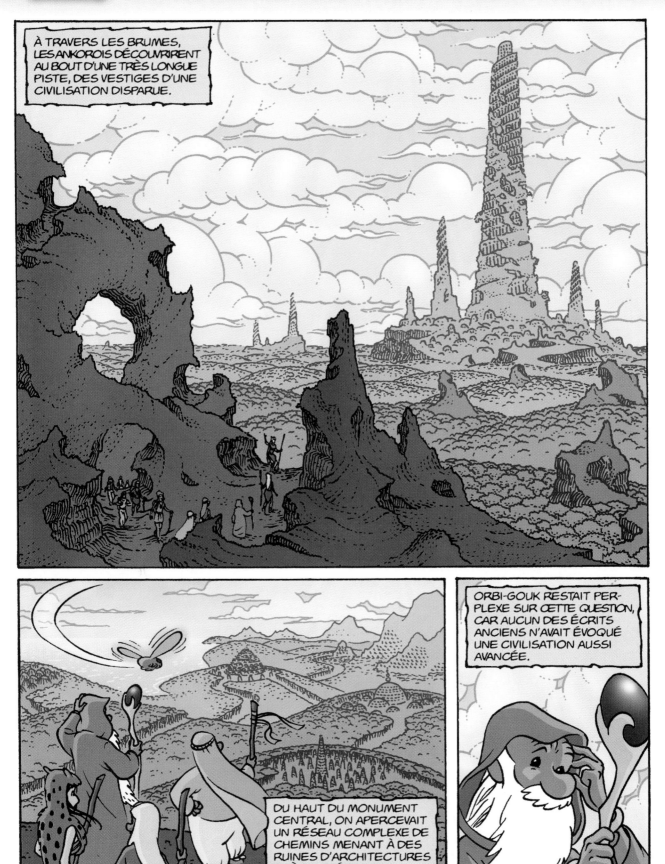

À TRAVERS LES BRUMES, LES ANKOROIS DÉCOUVRIRENT AU BOUT D'UNE TRÈS LONGUE PISTE, DES VESTIGES D'UNE CIVILISATION DISPARUE.

DU HAUT DU MONUMENT CENTRAL, ON APERCEVAIT UN RÉSEAU COMPLEXE DE CHEMINS MENANT À DES RUINES D'ARCHITECTURES TRÈS DIFFÉRENTES.

ORBI-GOUK RESTAIT PERPLEXE SUR CETTE QUESTION, CAR AUCUN DES ÉCRITS ANCIENS N'AVAIT ÉVOQUÉ UNE CIVILISATION AUSSI AVANCÉE.

EN EXPLORANT LES VASTES GALERIES DU MONUMENT CENTRAL, LES ANKOROIS PRIRENT VITE CONSCIENCE QU'IL LEUR FAUDRAIT DES ANNÉES D'ÉTUDES POUR DÉCOUVRIR LES RICHESSES D'UN SITE ARCHÉOLOGIQUE AUSSI EXTRAORDINAIRE.

L'ARRIÈRE DU MONUMENT S'OUVRAIT SUR UNE SUITE DE JARDINS QUI TÉMOIGNAIENT D'UNE ÉPOQUE FASTE OÙ S'ÉTAIENT ENTREMÊLÉES LES CONNAISSANCES ET INFLUENCES DE PLUSIEURS GRANDES CULTURES.

AU-DELÀ DES JARDINS, À ENVIRON DEUX VESTRES, SE TROUVAIT UNE IMMENSE PLACE EN FORME DE LOSANGE. ÉTAIT-CE UN CENTRE D'OBSERVATION ASTRONOMIQUE? UNE PLACE DE JEUX RITUELS? UN GRAND TRIBUNAL? UNE ASSEMBLÉE DES PEUPLES FÉDÉRÉS? ORBI-GOUK NE POUVAIT POUR L'INSTANT RÉPONDRE À CES QUESTIONS. MAIS AVEC LES AUTRES CHEFS, IL DÉCIDA D'Y TENIR DÉSORMAIS LE GRAND CONSEIL DES CLANS.

Lis cette légende qui provient de la tradition d'un peuple amérindien de l'est:
les Menominees.

Aux temps anciens

Cette histoire s'est passée il y a très longtemps, à l'époque
où seuls existaient les Manitous, les dieux du bien et du mal.
Le grand Manitou, leur chef, n'avait pas encore créé les humains,
et la nature n'était pas encore tout à fait ce qu'elle est de nos jours.

Dans un coin de cet univers, Clarté-du-Jour veillait sur sa fille
Vapeurs-de-Brume et sur son fils Rayon-Éclair. Ce dernier était un être
difficile à vivre, brutal et désobéissant. En réalité, ce Manitou
était devenu malfaisant après la mort de celle qu'il aimait...

Un jour, constatant que Rayon-Éclair avait disparu, Clarté-du-Jour
interrogea sa fille.

«Vapeurs-de-Brume, tu as vu Rayon-Éclair?

— Rayon-Éclair est parti à la découverte du monde, maman...
Il s'ennuyait de plus en plus ici.

— Et toi, tu aimerais partir aussi?

— Il est vrai que je brûle d'envie de le rejoindre,
mais je ne veux pas te laisser seule.

— Va, ne crains pas pour moi.
Va découvrir le monde»,
lui répondit-elle.

Peu après, avec des mocassins neufs,
des vivres et une couverture,
Vapeurs-de-Brume courut
dans la direction qu'avait prise
Rayon-Éclair et elle le retrouva
dès le lendemain. Ensemble,
ils erraient ici et là,
assistant aux spectacles
les plus divers et
les plus étonnants.

Au début, Vapeurs-de-Brume n'approuvait pas l'attitude agressive de son frère envers les Manitous. Puis elle vint à l'imiter, d'abord pour lui plaire, et ensuite par habitude. Dès lors, chaque région qu'ils foulaient des pieds devenait stérile et maléfique.

Il était temps que les autres Manitous réagissent. En unissant leurs forces, ils parviendraient à punir les deux malfaisants. C'est ainsi que Soleil-du-Jour, Pluie-sur-la-Terre, Gel-au-Sol, Verdure-des-Arbres, Rivière-qui-Coule et d'autres Manitous braves et dégourdis décidèrent de tendre un piège aux indésirables.

Rivière-qui-Coule s'adressa à eux avec respect :

« Le grand Manitou a décidé de créer les humains. Mais tout d'abord, il désire connaître les endroits les plus propices à leur survie. Vous qui voyagez depuis des lunes, accepteriez-vous de guider un groupe d'expédition sur la côte atlantique : l'un vers le sud, l'autre vers le nord ?

— C'est avec plaisir que nous acceptons », répondit Rayon-Éclair, flatté, mais aussi très pressé de voir arriver au monde de nouvelles victimes, les humains.

Dès le lever du soleil, Vapeurs-de-Brume partit vers le sud et Rayon-Éclair vers le nord, guidant un groupe de Manitous.

Quand ils eurent franchi une bonne distance, les Manitous qui suivaient Vapeurs-de-Brume lui fendirent le crâne avec un tomahawk.

Rayon-Éclair, qui était déjà loin dans le nord, entendit en lui-même la voix de sa pauvre sœur mourante. Aussitôt, il rebroussa chemin. Rapide comme l'éclair, il retrouva la troupe de Manitous qui avaient abattu sa sœur.

« Où est Vapeurs-de-Brume ? leur demanda-t-il.

— Un arbre s'est abattu sur elle. Elle est morte en poussant un cri horrible »,
lui répondit Rivière-qui-Coule.

En signe de deuil, Rayon-Éclair se coupa une mèche de cheveux
et se retira dans une tente.

Une nuit, il entendit une voix ténébreuse :

« Je suis l'âme de Vapeurs-de-Brume. Laisse-moi
entrer. J'ai à te parler.

— Tu n'as rien à faire dans ma tente. Va rejoindre
les autres morts, là où le soleil ne se couche
jamais, répondit Rayon-Éclair.

— Je t'obéirai, mais il faut que tu saches que c'est un
Manitou qui m'a tuée : le grand Rivière-qui-Coule.
Adieu, Rayon-Éclair ! »

Sur ces paroles, l'âme de Vapeurs-de-Brume s'éloigna
pour rejoindre ses semblables. Quant à Rayon-Éclair, il se fit le serment
de venger sa sœur. Il affila ses flèches, empoigna son arc et partit à la recherche
de son ennemi. Aussitôt qu'il l'aperçut, il tira toutes ses flèches dans sa direction,
mais ne parvint qu'à le blesser.

Cependant, Rivière-qui-Coule souffrait et perdait son sang. « À l'aide !
Qu'on me guérisse ou qu'on m'achève ! » suppliait-il.

Le rusé Rayon-Éclair prit l'aspect d'une vieille
et s'approcha du mourant.

« Tu veux que je m'occupe de toi ?
demanda-t-il de sa voix
chevrotante.

— Je t'en supplie, grand-mère.
Fais en sorte que mes douleurs
cessent », gémit
Rivière-qui-Coule.

À ce moment même, surpris par
la mort, Rivière-qui-Coule se
changea en un marécage puant
et infect.

La nouvelle se répandit parmi les Manitous. Une fois de plus, ils étaient désespérés. La guerre ne cesserait donc jamais ? La force du mal qui semblait habiter Rayon-Éclair serait-elle éternelle ? Fallait-il encore tuer ?

Soleil-du-Jour décida d'aller demander conseil à sa vieille amie Clarté-du-Jour. Celle qui avait élevé Rayon-Éclair saurait sûrement comment agir avec lui.

« Vous avez tué ma fille et vous osez venir me voir ? » s'indigna-t-elle d'abord dans un sanglot.

Les Manitous étaient honteux. Au bout d'un moment, Clarté-du-Jour ajouta :

« Épargnez au moins mon fils. Faites la paix avec lui. Organisez une fête en son honneur. Peut-être deviendra-t-il moins méchant... »

Les Manitous suivirent le conseil de Clarté-du-Jour. Rayon-Éclair accepta l'invitation, mais sans enthousiasme. De toute la soirée, il ne voulut pas se défaire de ses armes. Quand il se fit offrir le calumet de paix, il n'y toucha pas. On le vit même mettre la main sur son tomahawk. À cet instant, la belle Nuit-d'Orage vint lui dire un mot à l'oreille. Rayon-Éclair lui sourit.

« À présent, il ne nous reste plus qu'à unir nos forces pour aider les humains qui vivront bientôt parmi nous », dit enfin Rayon-Éclair avant de s'en aller.

Tous les Manitous ne furent pas satisfaits de la formation de cette union de Nuit-d'Orage et de Rayon-Éclair. Certains éprouvèrent tant de jalousie et de colère qu'ils devinrent à leur tour des esprits mauvais. Ceux qui pardonnèrent à Rayon-Éclair formèrent le clan des bons esprits qui veillent depuis sur les humains.

Quant à Rayon-Éclair et Nuit-d'Orage, ils vécurent heureux ensemble en faisant à la fois le bien et le mal. Car où Nuit-d'Orage fait tomber une pluie favorable aux récoltes, Rayon-Éclair laisse parfois tomber sa foudre, dans un moment de colère, en semant incendies et destruction.

● Que penses-tu de cette légende ? Explique.

En lisant ce texte, tu parcourras un siècle d'histoire de la Nouvelle-France.

Cent ans de développement : de 1645 à 1745

La Nouvelle-France a connu en un siècle un développement spectaculaire. Gravement menacée au début par les attaques iroquoises, la colonie peut prendre son essor lors d'une longue période de paix avec les Iroquois et avec les Anglais des colonies du Sud.

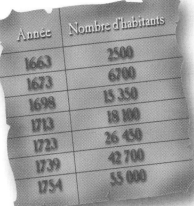

Année	Nombre d'habitants
1663	2500
1673	6700
1698	15 350
1713	18 100
1723	26 450
1739	42 700
1754	55 000

Estimation de la population en Nouvelle-France.

↑ La Rochelle. Principal port d'embarquement pour la Nouvelle-France. De 1713 à 1744, le pays a reçu une centaine d'immigrants par année en moyenne. Pendant la même période, les colonies anglaises du Sud en ont reçu des centaines de milliers.

La population

Vers 1645, la Nouvelle-France ne compte qu'environ 900 habitants en tout, principalement établis à Québec, à Trois-Rivières et à Ville-Marie (Montréal). En 1745, la population est passée à plus de 50 000 habitants. Cette augmentation est due à l'arrivée d'un certain nombre d'immigrants de France, mais surtout aux très nombreuses naissances dans le pays.

↓ L'arrivée des bateaux français en Nouvelle-France.

Le territoire

Limitée à la colonisation de quelques lieux sur les rives du Saint-Laurent vers 1645, la colonie connaît par la suite une fabuleuse expansion vers l'ouest et vers le sud. C'est en grande partie à cause du commerce de la fourrure. Comme on a beaucoup chassé le castor, il est devenu plus rare dans la région du Saint-Laurent. On doit donc explorer de nouveaux territoires pour trouver de la fourrure.

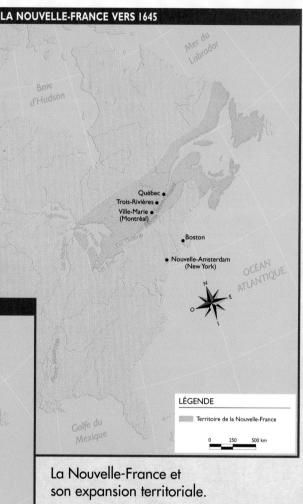

LA NOUVELLE-FRANCE VERS 1645

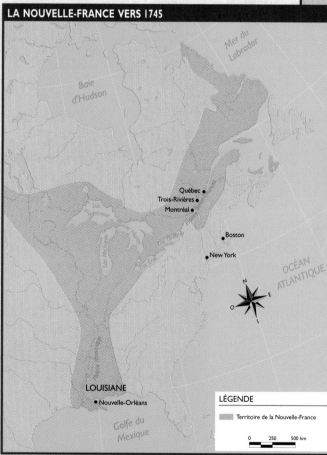

LA NOUVELLE-FRANCE VERS 1745

La Nouvelle-France et son expansion territoriale.

Vers 1660, Radisson explore le lac Supérieur, le nord du Mississippi et la baie d'Hudson. Jusqu'en 1743, d'autres explorateurs vont parcourir des territoires immenses, des Grands Lacs jusqu'en Louisiane vers le sud, et jusqu'aux montagnes Rocheuses à l'ouest.

En faisant ces explorations, les Français entrent en contact avec des dizaines de peuples amérindiens. Ils s'assurent de fidèles alliés pour leur fournir des fourrures et même pour les aider à combattre les Anglais des colonies du Sud en cas de conflit.

L'agriculture

Vers 1645, les quelque 900 habitants de la Nouvelle-France sont répartis dans quelques dizaines de seigneuries dans les régions de Québec, de Trois-Rivières et de Ville-Marie. Les colons défrichent péniblement la terre qui leur est concédée.

Chaque année, le colon doit payer un impôt au seigneur : le cens.

Ils y construisent une petite maison, puis des bâtiments. Les colons ne produisent que ce qui est nécessaire pour nourrir leur famille.

Vers 1745, la Nouvelle-France compte plus d'une centaine de seigneuries réparties sur les deux rives du Saint-Laurent, dans l'Outaouais, autour du lac Champlain et dans la vallée de la rivière Chaudière. De Québec à Montréal, il y a une suite de villages reliés par une route, le chemin du roi.

Désormais, la Nouvelle-France produit beaucoup plus de blé qu'elle n'en consomme et elle peut exporter, c'est-à-dire vendre à l'extérieur, une bonne partie de sa production. En plus du blé, les colons cultivent de l'avoine, du lin, du chanvre et du tabac.

Plant de tabac.

L'industrie

En 1645, la petite colonie vit d'une agriculture très simple et de la traite des fourrures. Elle doit importer, c'est-à-dire faire venir de la France, beaucoup de ses produits : du vin, des étoffes, de l'eau-de-vie, de la quincaillerie, des armes et des médicaments.

Vers 1745, on trouve des chantiers de construction navale à Québec. En 1745, on construit une frégate, un navire de guerre à trois mâts. On construit deux autres frégates en 1747 et 1748.

Les forges du Saint-Maurice.

Des dizaines de moulins à scie permettent d'exporter du bois en planches en Acadie et en France. Les forges du Saint-Maurice produisent en 1746 des centaines de milliers de kilogrammes de fer, des milliers de boulets de canon, des poêles, des marteaux et des enclumes.

Séchage de la morue.

Grâce à l'intendant Hocquart, l'industrie de la pêche a pris un essor remarquable. En 1742, on pêche 30 000 kilogrammes de morue. En 1743, l'industrie de la pêche emploie un millier de personnes.

Le commerce

Nouveaux arrivages de la France.

Vers 1645, le commerce le plus important dans la colonie est celui des fourrures. Vers 1745, il compte encore pour la moitié des exportations de la colonie. Les autres exportations sont le surplus de céréales, le bois de charpente et les produits de la pêche.

De nouveaux marchés se sont ouverts. Par exemple, on exporte de Québec du bois, des anguilles salées, du saumon et de l'huile de marsouin vers les Antilles françaises, Cayenne et la Guadeloupe.

Dans les Antilles, on achète du sucre et du tabac qu'on va vendre en France. De France, on rapporte à Québec des étoffes, du vin, de l'eau-de-vie, des armes et des médicaments. C'est ce qu'on appelle le commerce triangulaire.

Une économie fragile

La Nouvelle-France a fait de grands progrès en un siècle, mais son économie reste fragile. Elle repose encore en grande partie sur la traite des fourrures. La Nouvelle-France manque d'argent pour développer le commerce et l'industrie, et elle est très dépendante de sa métropole, la France.

- Selon toi, quels impacts ces changements ont-ils eus sur les conditions de vie des habitants ?
- Connais-tu d'autres changements importants qui se sont produits durant cette période ?

Gilles Hocquart

Gilles Hocquart administre la colonie de 1729 à 1748. Plusieurs historiens le considèrent comme l'intendant le plus dynamique de la Nouvelle-France. Cet homme d'une grande honnêteté s'efforce d'abord de peupler le pays en faisant venir de France des militaires, des engagés, des braconniers et des faux-sauniers. C'est un grand succès : la population augmente de plus de 10 000 personnes sous son administration. Il fait progresser l'agriculture et il remet sur pied la construction navale qui avait été abandonnée depuis Talon.

Sous Hocquart, la colonie produit des surplus qu'elle peut exporter : céréales, farine, navires, fer, cuir, fourrures et produits de la pêche.

Lis cette légende qui remonte aux temps anciens.

Le garçon et l'aigle

Dans la forêt profonde du Grand Nord vivait un trappeur amérindien. Cette année-là, il avait décidé d'apprendre son métier à son fils. Le garçon pouvait déjà reconnaître les empreintes de plusieurs animaux. Or, sur la première neige, qui tombe très vite là-bas, des traces indiquaient que des visons se promenaient dans les alentours. L'enfant savait bien que ces petits mammifères étaient très recherchés pour leur belle fourrure.

De son propre chef, le futur trappeur demanda à son père de lui apprendre à poser un piège à vison. Même si l'homme était pour le moment occupé à bûcher du bois pour l'hiver, il prit un moment pour aider son fils impatient. Depuis cette première leçon, chaque jour, au lever et au coucher du soleil, le garçon allait voir s'il avait capturé un vison dans son piège. Toujours, il rentrait bredouille, mais ne se décourageait pas.

Un après-midi, le garçon eut une drôle d'impression en s'approchant du piège. Même s'il n'avait pas couru, son cœur battait vite et fort. Étrangement, il savait que le piège ne serait pas vide comme les autres fois. Pourtant, tout semblait normal dans la forêt. Des oiseaux chantaient. Un écureuil filait, une cocotte entre les dents. Le ruisseau laissait entendre son murmure apaisant.

Dans son agitation, le garçon brisa des branches mortes, et cela effraya l'animal pris au piège qui poussa un cri désespéré. C'était un aigle! Ses grandes ailes déployées s'activaient en vain, car une serre du gros oiseau s'était prise dans les cruelles mâchoires du piège.

«Quel animal majestueux!» pensa le garçon. Il était fasciné. Un autre cri de l'oiseau le fit se ressaisir. «Je dois agir comme mon père me l'a enseigné», décida le brave enfant. En effet, son père lui avait dit de toujours faire une offrande à l'esprit de l'animal qu'il prendrait au piège afin de lui exprimer sa reconnaissance. Le petit Amérindien détacha donc le collier qu'il portait au cou et le tendit vers l'animal en le regardant droit dans les yeux.

« Je t'offre ce bijou que j'ai fait de mes mains, souffla le garçon. Je te rends aussi ta liberté, car ce piège n'a pas été posé pour toi. Pardonne-moi. » Il fallait du courage pour s'approcher de ce gros oiseau de proie au bec crochu et aux serres puissantes. Le garçon s'avança lentement vers l'aigle, s'immobilisant dès qu'il sentait l'oiseau un peu méfiant. Il desserra les mâchoires du piège et regarda le superbe oiseau de proie prendre son envol en trompetant, avec le collier de cuir et de coquillages entre les serres.

Quand le jeune garçon rentra chez son père, ce dernier l'attendait pour le repas du soir. Aussitôt arrivé, voyant l'inquiétude qu'il avait causée, il raconta son histoire. Le père l'écoutait attentivement. Il était fier de son fils. « Tu as agi comme un homme juste et courageux, dit-il avec conviction. L'aigle n'oubliera jamais ton geste de bonté envers lui. »

* * *

Au fil des semaines, le trappeur avait amassé beaucoup de bois et il jugea qu'il était temps d'aller poser ses pièges. Les lacs des alentours avaient commencé à geler assez solidement sur les bords, mais pas au centre. C'est pourquoi le père hésita un peu à laisser son fils le suivre en traîneau. Mais voyant l'enthousiasme du garçon pour cette première promenade de l'hiver, il accepta.

Un chien à la queue frétillante de joie fut donc attelé au traîneau. L'enfant y prit place, couvert d'une peau de daim pour se protéger du froid. Son père chaussa ses raquettes, prit l'attelage d'une main ferme et ils avancèrent lentement. De la nature immense toute recouverte de blanc se dégageait une impression de calme profond.

Par endroits, des animaux avaient piétiné la neige. Père et fils avaient identifié les élégantes pistes entrecroisées de deux cerfs, puis les petites empreintes comiques des bonds d'un lièvre. Tandis que le père se penchait pour identifier d'autres traces d'animaux, le chien s'affola d'un coup et partit à toute vitesse vers le centre du lac qui n'était pas encore gelé, traînant derrière lui l'enfant qui lui criait de s'arrêter.

Le trappeur se précipita derrière le traîneau en criant lui aussi pour faire revenir le chien. Puis il fit une chute et sentit la glace se briser autour de lui. Il ne pouvait raisonnablement plus bouger. Il ne lui restait plus qu'à prier tous les esprits pour que le chien rebrousse chemin et lui ramène son fils sain et sauf.

De son côté, le garçon sentait lui aussi la glace craquer dangereusement autour du traîneau. Mais il était incapable de retenir le chien. Tout à coup, il aperçut un gros oiseau qui fonçait droit vers eux. Le chien tressaillit, aboya, puis se mit à poursuivre l'oiseau qui se dirigeait à présent vers la rive. Lorsque l'aigle passa près du corps allongé du trappeur, une plume se détacha de son aile et tomba dans la neige qui recouvrait la glace. L'homme glissa doucement vers elle et la saisit entre ses doigts.

Voyant son fils au bord du lac, là où la glace était bien solide, le trappeur se ragaillardit. Très doucement, il rampa dans la direction que l'oiseau avait empruntée. Bientôt hors de danger, le père se redressa et courut à grandes enjambées vers son fils. «Par tous les esprits, tu as été épargné!» s'écria-t-il. «Père, répondit le garçon, je crois bien que c'est surtout grâce à l'esprit de l'aigle.» L'homme tendit la plume qu'il avait empoignée de façon si spontanée. «Quelle belle coiffe tu auras, mon fils!» dit-il avec émotion.

● Que penses-tu des personnages de cette légende?

Lis ce texte qui présente l'évolution des rapports entre les Iroquois et les habitants de la Nouvelle-France du début des années 1600 jusqu'en 1745.

Les Iroquois, de nouveaux alliés

En 1609, Samuel de Champlain s'allie aux Algonquins, aux Montagnais (Innus) et aux Hurons pour combattre les Iroquois. Avec son fusil, une arquebuse, il tue deux chefs iroquois. Le « tonnerre » des Français sème la déroute. Les Iroquois s'enfuient dans tous les sens. Les Français et leurs amis amérindiens remportent une grande victoire. Champlain participe à une deuxième expédition contre les Iroquois en 1610, puis à une troisième, ratée cette fois, en 1615.

Champlain a choisi de faire une alliance avec les Algonquins, les Montagnais et les Hurons parce qu'ils sont plus nombreux que les Iroquois, et surtout parce qu'ils lui fournissent les fourrures de castor dont le commerce est si profitable à la France. Mais cette alliance aura de graves conséquences. Les puissants Iroquois deviennent alliés des Anglais des colonies du Sud. Ils seront presque constamment en guerre contre les Français pendant une centaine d'années, menaçant gravement la petite colonie.

Guerrier iroquois.

LES TERRITOIRES DES AMÉRINDIENS VERS 1500

Mer du Labrador

Baie d'Hudson

OCÉAN ATLANTIQUE

IROQUOIS

LÉGENDE

Territoire algonquien

Territoire iroquoien

0   250   500 km

La paix de 1701

Affaiblis par les épidémies, de grippe et de variole par exemple, et par les attaques répétées des Français et de leurs alliés amérindiens, les Iroquois sont menacés sur le plan militaire. Le nombre de leurs guerriers est passé d'environ 2500 en 1689 à 1200 en 1698. La population iroquoise, qui comptait environ 22 000 personnes en 1630, n'en compte plus que 5000 en 1700. Les Iroquois aspirent dès lors à une paix durable avec les Français.

Le 4 juillet 1701, 39 peuples amérindiens, dont 4 peuples des 5 nations iroquoises, signent un traité de paix à Montréal. La nation qui n'a pas signé, les Agniers, est d'accord avec le traité, mais elle ne veut pas le signer officiellement. Ce peuple souhaite sans doute rester libre de faire du commerce avec les Anglais des colonies du Sud, ses alliés traditionnels qui sont ennemis des Français.

Symboles représentant des chefs amérindiens, leur totem et leur village.

La ligue iroquoise

Depuis 1500, les Iroquois formaient une ligue ou confédération de cinq peuples autonomes : les Onontagués (nation des collines), les Tsonnontouans (nation de la grande montagne), les Onneiouts (nation de la pierre debout), les Goyogouins (nation de la grande pipe) et les Agniers ou Mohawks (nation du silex). Ils avaient formé cette puissante alliance politique pour cesser de se battre entre eux et pour s'unir contre leurs ennemis. Ces peuples resteront unis sur le plan politique et militaire jusqu'en 1800.

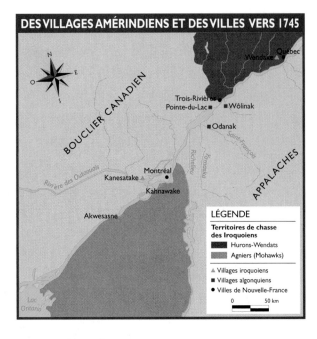

DES VILLAGES AMÉRINDIENS ET DES VILLES VERS 1745

LÉGENDE
Territoires de chasse des Iroquoiens
Hurons-Wendats
Agniers (Mohawks)
▲ Villages iroquoiens
■ Villages algonquiens
● Villes de Nouvelle-France

0   50 km

Les Iroquois du Canada vers 1745

Depuis plusieurs années déjà, des Iroquois se sont installés dans la région de Montréal pour former les villages de Kanesatake et de Kahnawake. Ces communautés sont bien différentes de ce qu'elles étaient avant l'arrivée des Européens.

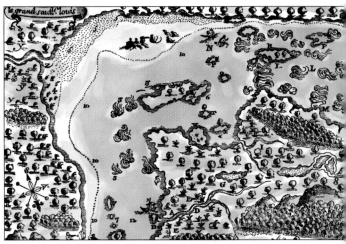

Village amérindien de Sault Saint-Louis, l'ancien emplacement de Kahnawake.

Nouvelle religion, mêmes coutumes
Plusieurs Iroquois de la région de Montréal se sont convertis à la religion catholique. Ils ont intégré les fêtes religieuses à leur mode de vie traditionnel. Après la Toussaint (1er novembre), ils quittent leur village pour aller s'installer en petits groupes dans leurs camps d'hiver. Ils vivent dans des huttes en écorce ou des cabanes de bois rond. Les hommes chassent l'ours, le cerf et le raton laveur. Les femmes préparent les fourrures et tannent les peaux.

À la suite d'un bref séjour au village pour Noël, les Iroquois repartent chasser après le mercredi des Cendres, en février. Ils piègent le castor et la martre. Au début du printemps, ils passent à la production du sucre d'érable. À la fin du printemps, ils reviennent au village avec leurs provisions de sucre et de viande. Les femmes s'occupent alors des travaux des champs. Elles sèment puis récoltent les haricots, le maïs, les courges, les citrouilles et d'autres légumes. Les hommes continuent à chasser et ils pêchent beaucoup d'espèces de poissons.

De nouveaux aliments Les Iroquois ont vite emprunté de nouveaux aliments à leurs voisins anglais et français. Ils font maintenant l'élevage de porcs, de chevaux et de poules, et ils se mettent à cultiver le navet, le concombre, l'oignon et la pastèque. Ils ont aussi découvert au contact des Blancs de nouveaux produits qu'ils intègrent à leur alimentation quotidienne : la farine de blé, le sucre, le sel et le lard.

Un nouvel habitat Traditionnellement, le village iroquois était formé de plusieurs maisons longues en écorce pouvant loger plusieurs familles. Vers 1745, les choses ont bien changé. On trouve des cabanes en bois rond où vit une seule famille. La palissade qui entourait le village n'existe plus. La population s'est dispersée dans de petits villages et cultive de petits lopins de terre. Ce type d'agriculture n'épuise pas le sol. Et grâce au cheval importé par les Européens, on peut aller ramasser le bois de chauffage loin du village. Les Iroquois n'ont plus besoin de déménager le village comme auparavant lorsque les ressources de la région étaient épuisées.

Une économie dynamique Les Iroquois font du commerce avec leurs voisins français de la région de Montréal, mais aussi avec les Anglais des colonies du Sud avec qui ils sont toujours restés en relation. Ils vendent aux colons français divers produits fabriqués au village : canots, raquettes, vêtements et mocassins. Ils achètent ou échangent des produits européens : perles de verre, rubans, sel, chaudrons de fer, bouilloires de cuivre, etc.

En naviguant sur le lac Champlain, les Iroquois se rendent à New York dans les colonies anglaises. Ils peuvent y acheter des produits manufacturés qu'ils revendent aux Français avec profit, à leur retour à Montréal. Ils peuvent aussi écouler dans ces deux marchés leurs surplus de poisson et de gibier.

La société iroquoise de 1745 entretient de bons rapports avec ses voisins français. C'est une communauté dynamique qui vit librement, sans connaître la famine, dont les membres se rendent visite et passent souvent des nuits à chanter et à danser au son des flûtes et des tambours.

● À ton avis, quels changements ont été les plus bénéfiques pour les Iroquois ? Et les plus malheureux ? Explique.

Lis cet extrait d'un ouvrage historique qui a été écrit au XVIIIe siècle par un voyageur suédois. Tu verras comment il perçoit les Canadiennes.

Les Canadiennes

Pehr KALM

La différence entre les manières et les coutumes des Français à Montréal et au Canada, et celles des Anglais dans les colonies américaines, est la même qui existe entre ces deux nations en Europe.

Ici les femmes en général sont belles. Elles sont bien élevées et vertueuses, et ont un laisser-aller qui charme par son innocence même. Elles s'habillent beaucoup le dimanche, mais les autres jours, elles s'occupent assez peu de leur toilette.

Elles soignent extrêmement leur coiffure, ayant toujours les cheveux frisés et poudrés, ornés d'aiguilles brillantes et d'aigrettes. Chaque jour de la semaine, le dimanche excepté, elles portent un mantelet petit et élégant, sur un court jupon qui va à peine à la moitié de la jambe. Dans ce détail de leur ajustement, elles paraissent imiter les femmes indiennes.
Les talons de leurs souliers sont élevés et très étroits. Je m'étonne qu'ainsi chaussées elles puissent marcher à l'aise.

En fait d'économie domestique, elles surpassent grandement les Anglaises des plantations, qui ne se gênent pas de jeter tout le fardeau du ménage sur leurs maris, tandis qu'elles se prélassent toute la journée, assises, les bras croisés.

Les femmes du Canada, au contraire, sont dures au travail et à la peine, surtout parmi le bas peuple. On les voit toujours aux champs, dans les prairies, aux étables, ne répugnant à aucune espèce d'ouvrage. Cependant, elles se relâchent un peu à l'égard de la propreté des ustensiles et des appartements, car, dans quelques maisons, aussi bien à la ville qu'à la campagne, les planchers ne sont lavés qu'une fois par six mois. Cela n'impressionne pas agréablement l'étranger qui arrive d'un voyage dans les pays hollandais ou anglais, où le curage et le frottage des planchers sont regardés comme chose tout aussi importante que l'exercice de la religion.

Pour empêcher la poussière accumulée de devenir nuisible à la santé, les femmes arrosent le parquet plusieurs fois par jour, ce qui a l'effet de la rendre encore plus épaisse. En général, cependant, les dames ne refusent pas de prendre leur part des soins du ménage et j'ai vu avec plaisir les filles du meilleur monde aller dans les cuisines et les celliers pour s'assurer que tout y était en ordre.

Les hommes sont extrêmement polis et saluent, en ôtant leurs chapeaux, chaque personne qu'ils rencontrent dans les rues. Il est d'usage de remettre une visite le lendemain même, en eût-on des vingtaines à faire dans la journée.

● Quelles sont tes impressions sur les remarques du voyageur ?

Les voyages de Pehr Kalm
(1716-1779)

Le naturaliste suédois Pehr Kalm a visité l'Amérique du Nord de septembre 1748 à février 1751. Il a décrit minutieusement plusieurs plantes de la région pour compléter l'herbier du grand savant Linné. C'est en Nouvelle-France qu'il a connu la période la plus heureuse de son séjour. Au cours des 130 jours qu'il a passés ici, il a fait une foule d'observations scientifiques très intéressantes, mais il a aussi décrit avec intelligence et justesse la vie des Canadiennes et Canadiens de l'époque dans un livre intitulé *Voyage en Amérique*.

Extrait de l'herbier de Linné.

Comment les colons français s'exprimaient-ils?
Lis ce texte pour en avoir une idée.

Une langue belle

La plupart des voyageurs français ont souligné la qualité de la langue des colons en Nouvelle-France. Voici à ce propos les remarques du Français D'Aleyrac.

« Tous les Canadiens parlent un langage semblable au nôtre. Ils emploient, dans le langage courant, quelques termes empruntés au langage marin : amarrer pour attacher, haler pour tirer, non seulement un navire, mais n'importe quel objet. Ils ont forgé quelques mots, comme une tuque ou une fourole pour désigner un bonnet de laine rouge. Ils disent une poche pour un sac, un mantelet pour un casaquin sans pli, une rafale pour beaucoup de vent, de pluie ou de neige; tanné au lieu d'ennuyé; chômer pour ne manquer de rien; la relevée pour l'après-midi; chance pour bonheur; miette pour moment; paré pour être prêt. L'expression la plus ordinaire est « de valeur » pour signifier qu'une chose est pénible à faire ou trop fâcheuse. »

Voici les témoignages d'autres observateurs sur la pureté du français canadien.

« L'on parle ici parfaitement bien, sans mauvais accent. »

Bacqueville de La Potherie,
Histoire de l'Amérique septentrionale.

« Nulle part ailleurs on ne parle plus purement notre langue. On ne remarque même ici aucun accent. »

Charlevoix,
Histoire et description générale de la Nouvelle-France.

« Les Canadiennes parlent un français épuré, n'ont pas le moindre accent. »

Franquet,
Voyages et Mémoires sur le Canada.

● Connais-tu des mots ou des expressions d'aujourd'hui qui s'emploient dans le Canada français et pas en France? Et des mots qu'on emploie en France et pas ici? Lesquels?

Vive la Canadienne

1. Vive la Canadienne
   Vole mon cœur vole
   Vive la Canadienne et ses jolis yeux doux
   Et ses jolis yeux doux, doux, doux, et ses jolis yeux doux (*bis*)

2. Elle rayonne et brille
   Vole mon cœur vole
   Elle rayonne et brille, avec ou sans bijoux
   Avec ou sans bijoux, joux, joux, avec ou sans bijoux (*bis*)

3. C'est à qui la marie
   Vole mon cœur vole
   C'est à qui la marie, les garçons en sont fous
   Les garçons en sont fous, fous, fous, les garçons en sont fous (*bis*)

4. Que d'enfants elle donne
   Vole mon cœur vole
   Que d'enfants elle donne à son joyeux époux
   À son joyeux époux, poux, poux, à son joyeux époux (*bis*)

5. Elle fait à l'aiguille
   Vole mon cœur vole
   Elle fait à l'aiguille nos habits, nos surtouts
   Nos habits, nos surtouts, touts, touts, nos habits nos surtouts (*bis*)

6. Elle fait à merveille
   Vole mon cœur vole
   Elle fait à merveille la bonne soupe au chou
   La bonne soupe au chou, chou chou, la bonne soupe au chou (*bis*)

7. Jusqu'à l'heure dernière
   Vole mon cœur vole
   Jusqu'à l'heure dernière sa vie est toute à nous
   Sa vie est toute à nous, nous, nous, sa vie est toute à nous (*bis*)

F.-X. Burque

Vive le Canadien

1. Le Canadien, au cœur vaillant,
   En roulant ma boule,
   Est toujours gai, toujours content,
   Rouli, roulant, ma boule roulant,
   En roulant ma boule roulant,
   En roulant ma boule.

2. De grand matin, part en chantant,
   En roulant ma boule,
   Revient le soir en turlutant,
   Rouli, roulant, ma boule roulant,
   En roulant ma boule roulant,
   En roulant ma boule.

3. Tout plein de foi, le cœur fervent,
   En roulant ma boule,
   À son église il va souvent,
   Rouli, roulant, ma boule roulant,
   En roulant ma boule roulant,
   En roulant ma boule.

4. Il est affable, honnête et franc,
   En roulant ma boule,
   Hospitalier, poli, galant,
   Rouli, roulant, ma boule roulant,
   En roulant ma boule roulant,
   En roulant ma boule.

5. Avec sa femme et ses enfants,
   En roulant ma boule,
   Il vit heureux, bien simplement,
   Rouli, roulant, ma boule roulant,
   En roulant ma boule roulant,
   En roulant ma boule.

6. Dans ses amours il est constant,
   En roulant ma boule,
   En amitié, l'est tout autant,
   Rouli, roulant, ma boule roulant,
   En roulant ma boule roulant,
   En roulant ma boule.

F.-X. BURQUE

Qui est cette sorcière ? Pour le savoir, lis cet extrait du premier roman du Canada français : *Les anciens Canadiens.*

Une sorcière

Philippe AUBERT DE GASPÉ

J'ai bien connu pendant mon enfance la pauvre Marie, que les habitants appelaient la Sorcière du Domaine. C'était une belle femme, d'une haute stature, marchant toujours d'un air fier et imposant. Malgré sa vie errante et sa réputation de sorcière, elle n'en jouissait pas moins d'un haut caractère de moralité. Elle se plaisait à confirmer les habitants dans leur croyance et simulait souvent un entretien avec un être invisible, qu'elle faisait mine de chasser, tantôt d'une main, tantôt de l'autre.

Il serait difficile d'expliquer pourquoi cette femme d'un riche cultivateur abandonnait sa famille pour mener une vie si excentrique. Elle allait bien quelquefois chercher des vivres chez son mari, mais elle mangeait le plus souvent dans les maisons des cultivateurs. Ceux-ci la craignaient plus qu'ils ne l'aimaient, et n'osaient pas lui refuser ce qu'elle leur demandait, ayant peur des maléfices qu'elle pouvait jeter sur eux.

On parlait souvent dans ma famille de cette femme excentrique. On supposait qu'il y avait autant de malice que de folie dans son caractère aigri par des chagrins domestiques, des chagrins causés peut-être par un mariage mal assorti.

Mon père et ma mère lui disaient souvent quand elle venait les voir :

« Tu dois bien savoir, Marie, que nous ne croyons pas à tes prétendus entretiens avec le diable ! Tu peux en faire accroire aux superstitieux habitants, mais non pas à nous. »

Mais cela ne l'empêchait pas de répéter qu'elle conversait souvent avec le mauvais esprit, qui la tourmentait quelquefois plus qu'à son tour, disait-elle.

Il y avait longtemps que mon père voulait vérifier si elle était vraiment de mauvaise foi, ou si, dans sa folie, elle croyait voir et entendre l'esprit des ténèbres. Un jour, il la mit à l'épreuve. La voyant venir de loin et pensant bien qu'elle ne passerait pas sans nous rendre visite, nous nous preparâmes en conséquence.

«Bien heureuse de te voir, ma pauvre Marie, lui dit ma mère : je vais te faire préparer un déjeuner.

— Merci, madame, dit Marie, j'ai pris ma suffisance.

— N'importe, reprit ma mère, tu vas toujours prendre une tasse de thé. »

Il était difficile de refuser une offre aussi gracieuse : le thé était, à cette époque, un objet de luxe très rare même chez les riches habitants.

«Pas de refus pour un coup de thé», dit Marie.

Elle avait à peine avalé deux gorgées du délicieux breuvage, qu'elle commença son monologue ordinaire : «Va-t'en, laisse-moi tranquille; je ne veux pas t'écouter. »

«As-tu jamais vu le diable, auquel tu parles si souvent? fit ma mère.

— Je l'ai vu plus de cent fois, répliqua la sorcière : il n'est pas si méchant que le monde pense, mais pas mal tourmentant par *escousse*.

— Si tu le voyais, dit ma mère, tu n'en aurais donc pas peur?

— En voilà une demande! » fit Marie.

Et elle avala une autre gorgée de thé, après avoir entamé sa galette.

La porte s'ouvrit au même instant, à un signe que fit mon père par la fenêtre. Une espèce de démon entra dans la maison. Il était revêtu d'une chemise d'homme de grosse toile qui lui tombait jusqu'aux genoux, et laissait voir à nu des bras, des jambes et des pieds d'un noir de mulâtre. Ce farfadet portait sur sa figure un masque horrible, orné de cornes, et tenait une fourche de fer dans sa main droite.

Ce diablotin était tout simplement Lisette, fille mulâtre que mon grand-père avait achetée à l'âge de quatre ans, et qui en avait alors seize ou dix-sept. Quant au masque, je l'avais apporté de Québec.

L'épreuve était trop forte; la pauvre femme devint pâle comme une morte, poussa un cri lamentable, et se sauva dans une chambre. Elle se barricada avec tous les meubles, qu'elle empila contre la porte avec une force surhumaine.

Nous étions tous au désespoir d'une imprudence qui pouvait avoir des suites fâcheuses pour cette malheureuse femme. Ma mère, tout en se désolant, tâchait de calmer Marie en lui criant que c'était un tour qu'on lui avait fait et que le prétendu diable n'était que la mulâtresse. Elle finit par lui faire entendre raison en lui montrant toutes les pièces de la mascarade, par la fenêtre de la chambre où elle s'était enfermée.

Elle lui fit avaler ensuite des gouttes de je ne sais quoi, lui fit boire du vin chaud, et la renvoya chargée de présents. J'ai toujours entendu dire que la folle du domaine avait cessé d'habiter sa cabane après cette aventure.

● Que penses-tu de la Sorcière du Domaine? Explique.

Philippe Aubert de Gaspé (1786-1871)

Cinquième et dernier seigneur de Saint-Jean-Port-Joli, Philippe Aubert de Gaspé a écrit, à 74 ans, le premier roman du Canada français: *Les anciens Canadiens*. Cette œuvre, qui a connu un immense succès dès sa parution, parle avec nostalgie de la vie dans les seigneuries vers 1750. Pour écrire son roman, l'auteur a utilisé ses souvenirs de jeunesse et des anecdotes que racontaient ses parents et grands-parents. «Consigner quelques épisodes du bon vieux temps, quelques souvenirs d'une jeunesse éloignée, voilà toute mon ambition», écrivait-il.

Voici un texte qui te fera mieux connaître les colonies anglaises voisines de la Nouvelle-France.

De puissants voisins

Si la Nouvelle-France a connu un essor remarquable de 1645 à 1745, les colonies anglaises d'Amérique ont connu pendant la même période un développement prodigieux. Que sont-ils devenus, ces voisins avec qui nous avons été en conflit presque constamment pendant un siècle?

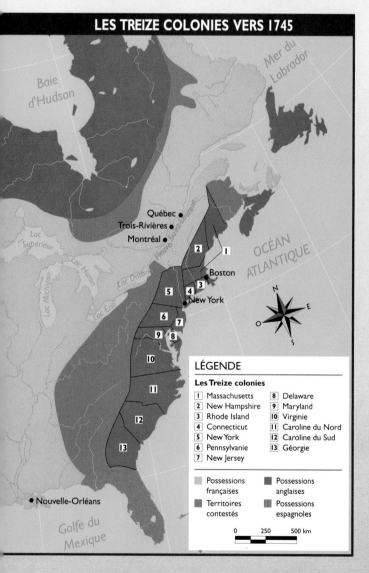

LES TREIZE COLONIES VERS 1745

LÉGENDE

Les Treize colonies

1 Massachusetts	8 Delaware
2 New Hampshire	9 Maryland
3 Rhode Island	10 Virginie
4 Connecticut	11 Caroline du Nord
5 New York	12 Caroline du Sud
6 Pennsylvanie	13 Géorgie
7 New Jersey	

Possessions françaises

Territoires contestés

Possessions anglaises

Possessions espagnoles

0   250   500 km

La population

Vers 1745, on estime que les Treize colonies comptaient à peu près 900 000 habitants d'origine européenne, plus environ 200 000 esclaves noirs travaillant dans les colonies du Sud. Grâce à un fort taux de natalité et à un faible taux de mortalité, la population croît énormément entre 1730 et 1745. Combien y a-t-il d'Amérindiens? On ne le sait pas, mais ils sont sans doute assez nombreux, car leur présence se fait sentir partout.

Le territoire

Du nord au sud, le territoire des Treize colonies présente une grande variété de sols et de climats. Dans la Nouvelle-Angleterre, au nord, il y a un climat froid, des côtes rocheuses et un sol peu propice à l'agriculture. Dans les colonies du Sud, un climat chaud et de vastes étendues de plaines se prêtent à de grandes cultures: coton, tabac, riz et indigotier.

Le territoire est borné à l'ouest par un obstacle naturel: la chaîne de montagnes des Appalaches. Mais en fait, la population est surtout concentrée près de la côte. Les terres intérieures sont plus dangereuses à cause des fréquentes attaques des tribus amérindiennes que les colons anglais ont plus ou moins chassées de leur terre en venant s'y établir en grand nombre.

L'ouest des Appalaches, c'est aussi l'immense territoire que les explorateurs de la Nouvelle-France ont conquis au nom du roi de France. Les colonies anglaises se trouvent donc encerclées par leurs ennemis français, des Grands Lacs jusqu'au golfe du Mexique.

L'agriculture

L'agriculture est une des grandes forces des colonies anglaises. Dans les colonies du Centre comme New York et la Pennsylvanie, on cultive beaucoup de blé dont on peut exporter les surplus en Angleterre. On cultive aussi le maïs, le seigle et l'avoine, et on fait l'élevage de chevaux, de bovins et de volailles.

Domaine de George Washington, un personnage politique influent.

La plantation Shirley, à Charles City.

Dans les colonies du Sud, on cultive une seule plante sur d'immenses plantations. C'est ce qu'on appelle une monoculture. On cultive surtout du tabac, un produit jusque-là inconnu en Europe, dont les Anglais raffolent. En 1618, on exporte en Angleterre 12 000 kilogrammes de tabac. En 1693, les exportations sont passées à 12 millions de kilogrammes! Pour cultiver les vastes plantations, on a recours à des esclaves noirs qu'on a transportés du continent africain jusqu'en Amérique dans des cales de navire.

Des noms étranges

Aux États-Unis, on trouve aujourd'hui plusieurs noms de lieux qui rappellent que les territoires de l'ouest ont déjà été des territoires français. Il y a beaucoup de Paris, de Versailles ou de Bordeaux, par exemple. Mais les noms que les coureurs des bois ont donnés lors de leurs expéditions sont bien plus étonnants : Pend Oreille, Pointe la Barbe, Époufette, Portage, Crève Cœur, Lac qui Parle, Souris, Purgatoire, Lapine, Bayou Beaucoup, Pointe à la Hache, Pomme de Terre, Pioche et bien d'autres encore. Imagine ces drôles de noms prononcés par des anglophones américains !

SOURIS

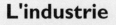

L'industrie

Les colonies de la Nouvelle-Angleterre, qui se trouvent à proximité des bancs poissonneux de Terre-Neuve, ont développé une importante industrie de la pêche. Une fois pêché, le poisson est salé, séché ou mis en poudre, puis exporté.

L'industrie de la pêche amène plusieurs autres industries : l'abattage du bois, les scieries, la construction de bateaux, la fabrication de clous, de voiles, de cordages, etc. La construction navale est si bien développée que, vers 1745, les quelque 3000 navires qui servaient au transport des biens de commerce avaient été construits en Nouvelle-Angleterre.

Au centre, dans les colonies de New York et du New Jersey, on fait comme en Nouvelle-France le commerce des fourrures. Ces fourrures sont achetées aux Iroquois, mais aussi aux Canadiens. Elles sont transformées en divers produits dans des manufactures, puis exportées. En Pennsylvanie, c'est l'industrie alimentaire qui domine. La culture du blé et l'élevage d'animaux de boucherie amènent la construction de boulangeries, de meuneries, de biscuiteries, d'abattoirs, de fumoirs et de saloirs.

Fabriques de verre et de papier.

Le commerce

C'est dans les grandes villes de la Nouvelle-Angleterre que le commerce se développe avec un grand succès. De 1700 à 1745, les Treize colonies exportent plus de produits qu'elles n'en importent.

En principe, ces colonies n'ont pas le droit de faire du commerce avec d'autres pays que l'Angleterre, leur métropole. Mais les commerçants se soucient peu de cette interdiction. Ils font ce qu'on appelle un commerce triangulaire. En voici un exemple.

L'Angleterre ne veut pas acheter leur surplus de poissons ? Les commerçants des colonies le proposent donc au Portugal, en échange de vin portugais.

Ils vendent ensuite ce vin à l'Angleterre pour obtenir des meubles, des vêtements, de l'argenterie, de la porcelaine et d'autres produits de luxe. Dans les colonies, ils revendent avec profit ces produits de luxe de la métropole.

Ils font aussi ce type de commerce avec les Antilles et avec l'Afrique, échangeant du bois ou des produits alimentaires contre du sucre, de la mélasse, des produits manufacturés ou des esclaves. Les esclaves sont le produit le plus rentable dans ces échanges.

Une économie diversifiée

Vers 1745, les Treize colonies avaient une économie beaucoup plus diversifiée que celle de la Nouvelle-France et une population environ 20 fois plus nombreuse. Ces colonies anglaises ont pu développer une industrie et un commerce florissant avec l'Angleterre, leur métropole, et avec d'autres colonies.

Salem, un port de Nouvelle-Angleterre.

- Quelles différences peux-tu établir entre les colonies françaises et les colonies anglaises?

- Comment expliques-tu ces différences?

La marchandise humaine

Des millions d'Africains ont été embarqués sur des bateaux pour être vendus à l'encan à des propriétaires de plantations des colonies du Sud. Considéré comme une simple marchandise, l'esclave pouvait être loué, vendu ou légué en héritage par son maître. Accomplissant tous les travaux manuels sur la plantation, les esclaves noirs n'avaient pas le droit de circuler sans permission à l'intérieur de la plantation, de sortir de la plantation, d'apprendre à lire et à écrire ni d'épouser la personne de leur choix. Pour faire régner l'ordre, certains planteurs n'hésitaient pas à fouetter les esclaves, à les mutiler ou à les marquer au fer rouge.

On emploie le passé simple pour indiquer qu'une action ou un fait est terminé et qu'il a eu lieu à un moment précis dans le passé.

Le passé simple

Un après-midi, le garçon eut *une drôle d'impression en s'approchant du piège.*

Dans son agitation, le garçon brisa *des branches mortes, et cela* effraya *l'animal qui* poussa *un cri désespéré.*

Le passé simple est surtout employé dans les récits à la troisième personne du singulier ou du pluriel.

LE PASSÉ SIMPLE			
Avoir	**Être**	**Aimer**	**Finir**
il / elle e**ut**	il / elle f**ut**	il / elle aim**a**	il / elle fin**it**
ils / elles e**urent**	ils / elles f**urent**	ils / elles aim**èrent**	ils / elles fin**irent**

Les terminaisons des verbes au passé simple sont:

- pour la troisième personne du singulier

    *a pour les verbes en **er***

    it ou ut pour les autres verbes

- pour la troisième personne du pluriel

    èrent** pour les verbes en **er

    irent ou urent pour les autres verbes

Les verbes venir et tenir (et leurs dérivés) se terminent en int et inrent au passé simple.

*il **v**int, elles **v**inrent, elle **t**int, ils **t**inrent*

On emploie les verbes à l'impératif quand on veut donner
des ordres ou des conseils.

L'impératif

*« Épargnez au moins mon fils. Faites la paix avec lui.
Organisez une fête en son honneur. »*

À l'impératif, les verbes se conjuguent seulement à la deuxième personne
du singulier ainsi qu'aux première et deuxième personnes du pluriel.
L'impératif s'emploie sans pronom de conjugaison.

L'IMPÉRATIF			
Avoir	**Être**	**Aimer**	**Finir**
aie	sois	aime	finis
ayons	soyons	aimons	finissons
ayez	soyez	aimez	finissez

Les terminaisons des verbes à l'impératif sont :

⬤ pour la deuxième personne du singulier

*e pour les verbes en **er** et les verbes **couvrir, cueillir, découvrir,
offrir, ouvrir** et **souffrir** qui se conjuguent comme les verbes
en **er** au présent de l'indicatif
(Exception : aller → va)
Ces verbes prennent un **s** devant les pronoms **en** et **y** :
penses-y, parles-en, vas-y*

*s pour les autres verbes
(Exceptions : avoir → aie; savoir → sache; vouloir → veuille)*

⬤ pour la première personne du pluriel

ons pour tous les verbes

⬤ pour la deuxième personne du pluriel

ez pour tous les verbes (Exceptions : dites, faites)

Attention ! On met un trait d'union entre le verbe à l'impératif
et le pronom personnel qui le suit.

« Je suis l'âme de ta sœur. Laisse-moi entrer. »

Le féminin des noms et des adjectifs en el, en et on

Pour former le féminin des noms et des adjectifs qui se terminent en el, en et on, voici ce que tu dois faire.

- Double la consonne finale.
- Ajoute un **e**.

Finales	Noms	Adjectifs
el → el**le**	un colonel une colonel**le** Emmanuel Emmanuel**le**	un bel arbre une bel**le** plante un événement annuel une rencontre annuel**le**
en → en**ne**	un technicien une technicien**ne** un Italien une Italien**ne** Fabien Fabien**ne**	un livre ancien une histoire ancien**ne** un auteur canadien une auteure canadien**ne** un chant indien une danse indien**ne**
on → on**ne**	un champion une champion**ne** Yvon Yvon**ne**	un bon acteur une bon**ne** actrice un enfant mignon une enfant mignon**ne**

Des noms et des adjectifs invariables

Les noms et les adjectifs qui se terminent par s, x ou z s'écrivent de la même façon au singulier et au pluriel. Observe les exemples suivants.

un gro**s** nez ⟶ des gro**s** nez

une croi**x** ⟶ plusieurs croi**x**

un vieu**x** tapi**s** ⟶ des vieu**x** tapi**s**

dans le boi**s** ⟶ dans les boi**s**

AU GRAND SOULAGEMENT DES ANKOROIS, ORBI-GOUK SE REMIT RAPIDEMENT DE SES BLESSURES ET IL RECOUVRA PEU À PEU LA MÉMOIRE.

LORS D'UNE ASSEMBLÉE EXTRAORDINAIRE DU GRAND CONSEIL DES CLANS, AVI-NOUK PROPOSA DE METTRE PAR ÉCRIT SANS PLUS TARDER NON SEULEMENT LES VASTES CONNAISSANCES D'ORBI-GOUK, MAIS CELLES DE TOUS LES ANKOROIS.

LE PROJET D'AVI-NOUK SOULEVA UN ENTHOUSIASME IMMÉDIAT, ET TOUS SE MIRENT FÉBRILEMENT À LA TÂCHE. CEUX DES HERBES-ROUGES RÉUSSIRENT À FABRIQUER UNE FIBRE TEXTILE PRESQUE INDESTRUCTIBLE.

ORBI-GOUK INVENTA EN QUELQUES JOURS UNE NOUVELLE FORME D'ÉCRITURE QUI CONDENSAIT UNE FOULE D'INFORMATIONS AVEC DES SYMBOLES PEU NOMBREUX, FACILES À TRACER ET FACILES À APPRENDRE.

PENDANT DES SEMAINES ET DES SEMAINES, DES COPISTES ENREGISTRÈRENT LES CONNAISSANCES D'ORBI-GOUK.

La chasse aux mots

J'ai attrapé des mots.

Je les ai mis en cage

comme des oiseaux.

Ils chantent quand il fait soleil

ou quand on siffle aux alentours,

mais bientôt,

ces mots ne me disent plus rien

et je pars à la chasse

aux mots nouveaux ou interdits.

On les prend au filet

comme des papillons.

Tant qu'ils folâtrent,

tant qu'ils volent,

ils sont beaux et brillants.

Ils se fanent quand on les attrape

et battent des ailes piteusement,

mais ils ressuscitent

quand on les enferme

dans un poème.

© Henriette MAJOR

(Inédit)

Lis ce texte qui t'explique comment réaliser une bande dessinée.

LA BANDE DESSINÉE, TOUT UN ART

Une bande dessinée, c'est une histoire racontée avec des images et des mots. Voici comment on procède d'habitude pour faire une bande dessinée.

1 ON CHOISIT UN SUJET

On peut raconter une histoire d'aventures, une histoire de cowboy, une histoire policière, une histoire de science-fiction ou une histoire humoristique.

2 ON CRÉE DES PERSONNAGES

Il peut y avoir plusieurs personnages dans une BD. Mais il y en a toujours un qui est plus important que les autres. C'est le **héros** ou l'**héroïne**. Les héros peuvent être comiques ou sérieux.

3 ON ÉCRIT UN SCÉNARIO

Dans un scénario, on résume l'histoire qu'on veut raconter. On prévoit les aventures des personnages et on imagine les principaux **rebondissements** de l'aventure. Les rebondissements, ce sont les surprises qui captiveront les lecteurs.

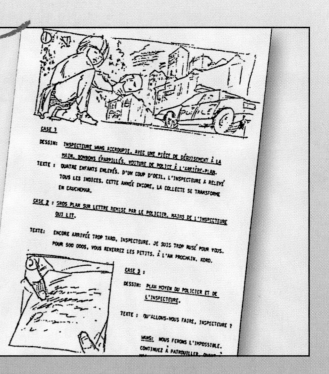

4 ON TRADUIT LES IDÉES DU SCÉNARIO EN IMAGES

C'est l'étape la plus importante et la plus difficile. Il faut réussir à raconter clairement son histoire en utilisant des dessins et de courts textes. Les textes sont écrits dans des bulles. Les images sont dessinées dans des **cases**.

Voici d'autres informations essentielles pour produire une bédé.

LES TECHNIQUES DE LA BANDE DESSINÉE

Les cases

Les cases d'une BD sont parfois très différentes. Certaines cases prennent une page entière.

Pour représenter un espace très grand (ville, base spatiale...) ou une chose très haute (flanc de montagne, gratte-ciel, ...), les artistes utilisent souvent des cases très larges ou très hautes.

On lit toujours les cases de gauche à droite et de haut en bas.

Les personnages

Il y a trois types de personnages principaux qui permettent de créer une foule d'histoires captivantes.

Les héros et les héroïnes sont plus forts, plus braves et plus intelligents que les autres personnages. Ils sont toujours vainqueurs, même quand ils ont de grosses difficultés (Tintin, Lucky Luke, Natacha). Parfois, ils sont surtout comiques; leurs petits défauts les rendent amusants (Philomène, Gaston Lagaffe).

Les faire-valoir sont les inséparables compagnons des héros. Ce sont souvent des animaux (Milou, Jolly Jumper).

Les rivaux sont des personnages méchants et inquiétants (Gargamel, les Dalton). Ils sont assez redoutables pour mettre parfois les héros en difficulté.

Les dialogues

Dans les BD, les paroles des personnages sont écrites dans des bulles. On lit les bulles en ordre, de gauche à droite et de haut en bas.

Quand un personnage se parle à lui-même, on utilise une bulle spéciale, comme celle que tu vois ci-dessous.

Quand on veut donner des explications ou des précisions sur l'histoire sans faire parler les personnages, on écrit le texte dans des encadrés.

À quoi servent les signes qu'utilisent les bédéistes ? Le sais-tu ?
Ce texte te permettra de faire le point là-dessus.

LE LANGAGE EXPRESSIF DE LA BD

La BD, c'est une forme de littérature très particulière. Tu aimes lire des bandes dessinées ? Tu te régaleras encore davantage si tu connais le langage de la BD, c'est-à-dire les moyens et les procédés que les bédéistes utilisent dans leurs œuvres.

L'expression des sentiments

Les signes de ponctuation

Le point d'interrogation et le point d'exclamation sont probablement les signes de ponctuation les plus utilisés dans la bande dessinée. Les bédéistes s'en servent pour illustrer des émotions comme le doute, l'incompréhension, l'étonnement et la surprise.

Comme tu vois, plus la réaction du personnage est intense, plus l'épaisseur du signe de ponctuation est forte. Les bédéistes peuvent aussi marquer l'intensité des émotions en augmentant la taille de ces signes, en les multipliant (!!!!) ou encore en les combinant (?!!?!).

Le gros plan

Les bédéistes se servent également du gros plan pour exprimer l'évolution des sentiments du personnage. Ici, le bédéiste rapproche progressivement le personnage pour montrer que sa colère monte.

Les phylactères explosifs

Pour évoquer la mauvaise humeur, la colère ou l'hostilité d'un personnage, les bédéistes se servent aussi d'éclairs et de têtes de mort. Ils créent des ensembles explosifs en remplissant les bulles ou phylactères de dessins d'armes meurtrières (couteau, hache, revolver) et parfois aussi de symboles comme les étoiles, le poing brandi, la spirale étourdissante.

L'expression du mouvement

Les traînées de vitesse

La bande dessinée, ce n'est pas un dessin animé. Pour suggérer le mouvement, les bédéistes se servent de ce qu'on appelle des traînées de vitesse. Ils dessinent le déplacement d'air qui se produit quand une personne ou un objet change de place rapidement. Cela peut prendre la forme d'un petit nuage ou de traits expressifs.

L'effet stroboscopique

Effet stroboscopique : voilà une expression compliquée pour désigner un procédé que tu connais bien. Les illustrateurs de bédés comiques s'en servent pour suggérer l'énervement et les gestes rapides. Il s'agit en fait d'une décomposition du mouvement. Ici, le bédéiste s'est servi de l'effet stroboscopique pour dessiner les jambes du poursuivant.

Le sens du déplacement

Pour que les mouvements des personnages paraissent naturels, il faut qu'ils se déplacent de gauche à droite sur la page, c'est-à-dire dans le sens de la lecture.

L'expression du son

Les onomatopées

Comme la bande dessinée n'est pas non plus un film, les bédéistes doivent trouver un moyen de suggérer le son. Cela aide l'action. Ils se servent pour cela des onomatopées. Les onomatopées sont des mots qui reproduisent des sons. *Boum*, *paf* et *crac* sont trois onomatopées.

Sais-tu décoder?

Les bédéistes se servent aussi de symboles pour suggérer des états d'âme.
Observe ces symboles.
Dis ce qu'ils évoquent.

- Quels signes les bédéistes utilisent-ils pour illustrer les émotions de leurs personnages?

- Comment s'y prennent-ils pour suggérer le mouvement?

- Qu'est-ce que l'effet stroboscopique?

Le neuvième art

Le septième art, c'est le cinéma. Le huitième art, c'est la télé. Et qu'est-ce que le neuvième art? C'est la BD, et le pays de la BD, c'est la Belgique. C'est en Belgique qu'Hergé a créé Tintin, que Morris a conçu Lucky Luke, que Peyo a imaginé les Schtroumpfs. Chaque année, les éditeurs belges produisent plus de 30 millions d'albums de bandes dessinées! La BD, c'est la spécialité de la Belgique, qui exporte vers les autres pays les trois quarts de sa production.

En Belgique, on prend la BD très au sérieux. On l'enseigne dans les écoles. Les stations de métro et des murs d'édifices sont décorés de bandes dessinées. Certaines villes ont des statues de personnages de BD sur la place publique. À Bruxelles, le Centre belge de la bande dessinée abrite la plus grande bédéthèque du monde. Alors, si tu passes par là, n'hésite pas à y faire un saut. Je dirais même plus: n'hésite saut à y faire un pas!

Les mots perdus

J'ai cassé
Les mots
Comme un miroir
En mille morceaux
J'ai plus rien
Que des bouts
Dans ma bouche
Comme des cailloux

Et je suis
À bout
À bout de phrases
À bout de tout
De silence
Et surtout
De ces yeux
Qui me fuient partout

Il y a comme un casse-tête
Éclaté dans ma tête
Et les mots sont perdus
Et les mots sont perdus
Il y a cent mille trous de mémoire
Dans ma nuit noire, noire
Et les mots sont perdus

Rendez-moi
Les mots
Les mots jolis
De tous les jours
Mot à mot
S'il le faut
J'en ferai
Que des mots d'amour

Il y a comme un casse-tête
Éclaté dans ma tête
Et les mots sont perdus
Et les mots sont perdus
Il y a cent mille trous de mémoire
Dans ma nuit noire, noire
Et les mots sont perdus

Sylvain LELIÈVRE
(*À mots découverts*, © VLB éditeur)

Lis ce texte qui présente quelques personnages légendaires qui ont marqué l'imaginaire d'innombrables lecteurs et lectrices.

Des héros légendaires

La Esméralda

La Esméralda était une jeune bohémienne qui dansait, qui chantait et qui jouait du tambourin à merveille. Avec Djali, une petite chèvre blanche aux cornes dorées, Esméralda faisait des tours de magie pour gagner un peu d'argent. Cette jolie femme aux grands yeux et aux longs cheveux noirs portait de multiples bijoux et de larges jupes, des corsages et des foulards colorés, comme toutes les gitanes.

Le bossu de Notre-Dame en tomba amoureux, de même que plusieurs hommes de toutes les conditions.

Malheureusement, beaucoup de gens voyaient d'un mauvais œil la liberté de cette jeune femme. On finit par la condamner pour sorcellerie, comme beaucoup d'autres femmes du Moyen Âge.

Merlin l'Enchanteur et la fée Viviane

Le grand magicien Merlin tenait ses extraordinaires pouvoirs de son père, le diable lui-même. Toutefois, il utilisa ses dons à de nobles fins, désirant servir le roi Arthur, qu'il avait lui-même élevé. Ce roi était à la conquête du saint Graal, symbole de ce qui est pur et précieux.

Dans la forêt de Brocéliande, en Bretagne, Merlin s'éprit d'une jeune femme vive et gracieuse, Viviane. Peu à peu, il lui enseigna son art et, grâce à lui, elle devint fée. Merlin lui construisit dans un lac un château que personne ne pouvait voir, et ils y vécurent très heureux. N'écoutant que son cœur, Viviane décida un jour d'ensorceler Merlin pour le garder toujours auprès d'elle, endormi dans une prison d'air. On dit qu'il dort encore, avec sa barbe toujours plus blanche et plus longue.

Dans le berceau d'une autre, la fée Viviane prit un bébé qu'elle nomma Lancelot du lac, et lui enseigna l'art de la chevalerie. Grâce à elle, il devint chevalier de la table ronde, au service du roi Arthur.

Robin des Bois

Le bon Robin des Bois est reconnaissable à son bonnet surmonté d'une plume de faisan, ainsi qu'à son justaucorps de daim sur lequel pend un carquois, des flèches et une épée. On croit que ce personnage légendaire a été inspiré par un homme qui a vécu au XIIe siècle.

Grand défenseur des opprimés, Robin des Bois volait aux riches pour donner aux pauvres. Courageux, audacieux et habile, il échappait toujours à ses ennemis, les soldats du shérif de Nottingham. Ce héros tenait profondément à sa liberté. Il vivait avec ses fidèles compagnons dans la forêt de Sherwood.

Schéhérazade

Schéhérazade est la conteuse des *Mille et Une Nuits*, ce recueil de contes fabuleux mettant en scène des personnages comme Sindbad le marin, Ali Baba et Aladin. Un jour, cette jeune femme se maria avec un roi perse à l'esprit vengeur qui, chaque nuit, faisait tuer une de ses épouses. Pour échapper à un tel destin, Schéhérazade réussit à tenir le roi en haleine pendant mille et une nuits en lui racontant des histoires. Charmé par ses qualités de conteuse, le roi décida de laisser la vie sauve à Schéhérazade même quand elle vint à bout de ses récits.

- Connais-tu d'autres héros légendaires ? Décris-les.

- Y a-t-il un héros ou une héroïne qui te ressemble ? Explique.

Gilgamesh

L'épopée de Gilgamesh est la plus ancienne œuvre littéraire de l'humanité. On en a trouvé des fragments sur des tablettes d'écriture cunéiforme vieilles de 5000 ans.

Ce texte relate l'histoire du roi d'Uruk, un héros mythologique sumérien qui a pour nom Gilgamesh. Bouleversé par la mort de son meilleur ami, Gilgamesh part à la recherche de l'immortalité. Il trouve une plante magique qui lui assurerait la vie éternelle, mais un serpent la dévore. Finalement, le héros se soumet à son destin.

Lis ce conte arabe qui relate l'histoire d'une longue séparation.

Le cheik d'Alexandrie

Autrefois, en Alexandrie, un homme sage et savant menait une vie extrêmement triste malgré toute sa puissance et sa richesse. On l'appelait le cheik d'Alexandrie. Sérieux et pensif, il se rendait à la mosquée chaque matin pour lire aux fidèles des versets du Coran. Sa belle voix posée, grave et lente imposait le silence et le respect. Pourtant, aussitôt la cérémonie terminée, le cheik rentrait seul chez lui sans échanger une parole avec ses anciens amis.

Le cheik vivait dans un magnifique palais entouré de terres riches qui nourrissaient abondamment ses immenses troupeaux de chevaux et de chameaux. Les dattes et les figues y poussaient à profusion. Dans sa demeure, tout était luxe, confort et beauté.

Aux nombreux domestiques qui étaient à son service, le cheik demandait le strict minimum : lui préparer une nourriture simple et entretenir sa maison et ses terres. Il n'appréciait ni les danses, ni les chants, ni les contes, et il restait indifférent devant les fines pâtisseries et les rafraîchissements exquis que ses cuisiniers lui proposaient.

« Pourquoi cet homme riche s'impose-t-il une telle misère ? Comme sa vie est morne et triste ! dit un soir un jeune passant.

— En vérité, seul un sot peut s'ennuyer avec tant de richesses, répondit son compagnon.

— Ah ! moi, je saurais bien quoi en faire, reprit le premier.

— Ne soyez pas si sots vous-mêmes, jeunes gens, leur murmura une vieille femme toute drapée. Ne savez-vous pas que le cheik a vécu un terrible malheur dont il ne se remet pas ? Autrefois, pas un soir ne se passait chez lui sans réjouissances. Je le sais, car j'y étais esclave. »

Et la vieille leur raconta comment le cheik, quinze ans auparavant, avait perdu son fils. Ce dernier n'avait alors que dix ans, mais il savait déjà lire et écrire comme un scribe. Malheureusement, lors d'une guerre, des ennemis l'avaient enlevé, et sa mère en était morte de chagrin. Depuis, le roi était inconsolable.

Chaque année, à la date de l'enlèvement, le cheik libérait des esclaves, en mémoire de son fils qui, croyait-il, était sûrement devenu lui-même un esclave. C'est ainsi que la conteuse avait regagné sa liberté. Elle avait gardé beaucoup d'affection pour son ancien maître, car il avait toujours bien traité ceux qui étaient sous ses ordres.

Or, la date de l'anniversaire approchait. Les préparatifs étaient en branle et on ne lésinait sur rien. Les nombreux invités n'allaient manquer ni de nourriture, ni de boissons, ni de divertissements. Le palais semblait plus resplendissant de jour en jour.

Malgré la profonde peine qui le minait, le brave cheik vivait toujours d'espoir. Un vieux derviche ne lui avait-il pas prédit le retour de son fils disparu à la même date que les brigands l'avaient enlevé ? Serait-ce cette année ? À cette idée, le cœur du cheik battait de joie.

Le grand jour étant venu, les invités discutaient joyeusement entre eux, en buvant et en mangeant des mets succulents. Quand tous les invités furent arrivés, le cheik, toujours aussi triste, fit un signe au surveillant des esclaves, qui sans tarder se tourna vers eux.

« Vous le savez déjà, douze esclaves seront libérés aujourd'hui, comme tous les ans. Et c'est à ceux-là que je m'adresse. La coutume de cette maison veut que chacun raconte une belle histoire avant de partir vers sa nouvelle vie. Lequel d'entre vous commencera ? »

Après une courte délibération à voix basse, c'est un homme âgé d'une vingtaine d'années qui s'avança et s'éclaircit la voix en toussotant.

« Très honorable seigneur, si vous le permettez, je vous propose l'histoire d'un ami qui était esclave comme moi sur un navire algérien avant que vous m'achetiez. C'était mon seul compagnon sur le bateau. Peu à peu, il me raconta sa vie. Il me dit que son enfance avait été magnifique, mais qu'il avait été enlevé à l'âge de dix ans par des ennemis de son père, qui était roi. »

À ces mots, le cheik cacha son visage dans ses mains. Des voix s'élevèrent : « Le seigneur n'est-il pas suffisamment tourmenté ? Pourquoi ajouter à sa douleur ? » Mais le cheik demanda au garçon de continuer son récit. Comment ce jeune homme qu'il avait acheté il y a quelques jours à peine aurait-il pu connaître le malheur qui l'accablait ?

Quoi qu'il en soit, le récit fut très douloureux pour le cheik. D'un côté, il se réjouissait de savoir son fils en vie. De l'autre, la peur qu'il ait vécu en esclavage depuis son enlèvement se confirmait. Son fils avait donc été rabaissé aux tâches les plus serviles. Son éducation n'avait jamais été mise à profit par les rustres qui l'avaient employé. Toujours il avait voulu rentrer chez lui, sans jamais y parvenir, faute de liberté et d'argent. Le récit dura bien une demi-heure.

«Aujourd'hui, conclut le jeune homme, les yeux scintillants de joie, je me réjouis infiniment pour mon ami. C'est la bonne fortune qui l'a ramené sur sa terre natale, l'Alexandrie, et chez son père, le vénérable cheik. Je suis le plus heureux d'entre tous!

— Comment n'avais-je pas reconnu mon propre fils? s'écria le cheik, prenant soudainement conscience que le garçon racontait sa propre vie. Viens dans mes bras, que je te serre contre mon cœur!»

L'assemblée tout entière était dans l'allégresse. Enfin, le jour tant attendu était venu. Fini la tristesse et la mélancolie! Dorénavant, le palais n'allait plus jamais retrouver son air de deuil. Une nouvelle vie commençait, pleine de promesses. Et tous les esclaves du cheik furent libérés le jour même et invités à célébrer les retrouvailles.

- As-tu aimé ce conte? Pourquoi?
- Imagine une autre fin à l'histoire.

DES AUTEURS

Sylvie Desrosiers

Bonne vivante, Sylvie Desrosiers aime rire et faire rire. C'est d'ailleurs au magazine *Croc* qu'elle fait ses débuts comme auteure. En 1982, elle lance un premier roman pour adultes. Cinq ans plus tard, elle sort *La patte dans le sac* et inaugure ainsi ce qui deviendra une des séries les plus populaires de la littérature jeunesse au Québec. Au fil des ans et des 15 titres qu'elle compte, cette fameuse collection relate avec humour les captivantes enquêtes de la non moins célèbre agence Notdog et

met en scène des personnages bien campés dans des situations tantôt dramatiques, tantôt cocasses: Agnès la jolie rousse, Jocelyne l'orpheline et John, le riche Anglais dont les erreurs de français ponctuent le récit, sans oublier la mascotte du groupe, le fameux Notdog, le chien le plus laid mais aussi le plus intelligent du village.

Depuis qu'elle s'est lancée dans l'écriture, Sylvie Desrosiers n'a pas chômé. En 20 ans, elle a écrit plus d'une vingtaine de livres pour la jeunesse, 2 romans pour adultes et 3 recueils humoristiques. En 1997, cette auteure prolifique a d'ailleurs reçu la Médaille de la Culture française pour l'ensemble de son œuvre. La même année, *Le long silence* fait partie du Palmarès des livres préférés des jeunes de la livromanie et vaut à Sylvie le prix 12/17 Brive/Montréal. Certains de ses romans ont été traduits en chinois, en italien, en allemand, en espagnol, en grec et en arabe.

Ses projets d'avenir: écrire encore et encore. Non vraiment, Sylvie Desrosiers n'en démord pas: l'écriture est le plus beau métier du monde.

Illustration de Daniel Sylvestre tirée du roman *La jeune fille venue du froid.*

Robert Soulières

Robert Soulières semble bien avoir la communication dans le sang. Intéressé très jeune à la littérature, il y fait ses premières armes à l'âge de 18 ans. Plus tard, il anime des ateliers littéraires en compagnie d'Yves Thériault.

Robert a d'abord tâté de l'écriture pour adultes, puis s'est vite tourné vers le monde de la production jeunesse. C'est en rédigeant des sketches pour des émissions de télévision pour enfants qu'il découvre cet univers.

En 1980, il entre aux éditions Pierre Tisseyre. Directeur de la revue *Lurelu* de 1981 à 1987, il y signe une chronique depuis 1993. En 1997, il fonde sa propre maison d'édition, Soulières éditeur, où il veut à son tour donner leur chance aux nouveaux auteurs jeunesse. Écrivain et éditeur, Robert prend soin de se ménager du temps pour aller rencontrer son public dans les écoles.

Romans, contes, nouvelles, science-fiction, polars ou aventures, ses textes sont pour la plupart ancrés dans un contexte québécois. Qu'ils s'adressent aux tout-petits ou aux adolescents, ils reflètent la réalité que vivent les jeunes et abordent des thèmes qui les touchent. Robert utilise des mots de tous les jours pour initier son lecteur au plaisir des sons. Il s'amuse manifestement avec la langue française et agrémente ses récits d'une petite note d'humour.

Auteur prolifique, il a obtenu de nombreuses distinctions, dont le prix Alvine-Bélisle pour *Le visiteur du soir* (1981), le prix du Conseil des arts du Canada pour *Casse-tête chinois* (1985), ainsi que le prix M. Christie pour *Un cadavre de classe* (1998).

Nommé Personnalité des Salons du livre en 1999, il a en outre reçu la sanction de son jeune public pour *Un cadavre de luxe,* qui a figuré au Palmarès des livres préférés des jeunes de la livromanie de 2000-2001 (12 ans et plus). Blagueur, Robert Soulières répondait ainsi à un élève qui lui demandait combien de livres il avait écrits : « J'ai écrit environ 30 livres et j'en ai aussi 30 à perdre ! »

Détail d'illustration de Caroline Merola tirée du roman *Un cadavre stupéfiant.*

Josée Plourde

« L'écriture est mon sport favori! » s'est déjà exclamée Josée Plourde. Conteuse dans l'âme, Josée a toujours aimé inventer des histoires. Elle a à peine 10 ans lorsqu'elle fait paraître son premier texte dans une revue pour enseignants, et 15 ans lorsqu'elle écrit sa première pièce de théâtre.

Elle s'intéresse d'abord à l'écriture dramatique et étudie à l'École nationale de théâtre. Elle signe aussi des paroles de chansons et des scénarios pour la télévision, où elle collabore notamment au *Club des 100 watts*, à *Télé-Pirate* et à *Watatatow*.

Depuis 1991, elle a sorti pas moins d'une dizaine de titres, romans et nouvelles, la plupart pour les jeunes. Mais comment fait-elle pour trouver toutes ses idées? Sans enfants, Josée s'inspire de ceux des autres. Par exemple, c'est parce qu'elle était sûre que sa sœur accoucherait d'une fille qu'elle en a fait naître une dans *La forêt des soupçons*... et parce qu'elle s'était trompée dans sa prédiction qu'elle a par la suite écrit *Les amours d'Hubert* en hommage à son jeune neveu.

Voici deux petits trucs qu'elle donnait un jour à un de ses jeunes lecteurs: prendre trois mots au hasard et commencer une histoire à partir d'eux; ou encore mettre dans un contenant des photos ou des dessins découpés dans des revues, en tirer trois et s'inspirer de ce qu'ils représentent pour se lancer dans l'aventure.

Josée aime particulièrement les rencontres avec les enfants et n'hésite pas à faire des tournées dans les écoles et les salons du livre pour voir les jeunes.

Illustrations de Doris Barrette tirées du roman *Les amours d'Hubert*.

Paul Roux

Paul Roux est un artiste pour qui l'essentiel est de communiquer.

En 1992, il a produit sa première bande dessinée, c'est-à-dire qu'il a imaginé un scénario qu'il a lui-même illustré. C'est alors qu'il a créé Ariane et Nicolas. « Mes deux héros, je les ai voulus complémentaires, dit-il. Ce sont des jumeaux qui ont leurs forces et leurs faiblesses. » Depuis 1996, avec *Chut! Et vive les onomatopées!*, Paul Roux a créé un autre jeune héros de bédé très sympathique, Ernest, auquel est venue s'ajouter au fil de la collection une copine dynamique et colorée, Amélie.

Paul trouve son inspiration dans les choses de la vie. Ainsi, son idée pour *Le rêve du capitaine* vient de son intérêt pour les personnes paralysées. Cette idée lui trottait dans la tête depuis un certain temps. Quand des thèmes ou même des titres lui viennent à l'esprit, il les note dans des carnets qu'il consulte de temps à autre.

Paul Roux enseigne le dessin et la caricature, et il donne des ateliers sur la bande dessinée. Il aime tous les genres : humour, réalisme, caricature et science-fiction. En fait, il connaît tellement bien les procédés de la bande dessinée qu'il a publié un manuel sur l'art de faire de la BD.

● Fais le portrait de l'auteure ou de l'auteur que tu préfères.

● Quelle suggestion de lecture t'intéresse le plus ?

Illustrations tirées de l'album
Le rêve du capitaine.

C'est rigolo, ce titre! Lisons vite et voyons si ce texte est amusant!

Rigolade à Bagdad

Claire St-Onge

Gogoffe, le célèbre auteur de bandes dessinées, a délaissé sa table de travail et ses crayons. Depuis des jours, il ne fait qu'une chose : il lit, lit et lit. Et comme il habite à deux pas de la bibliothèque municipale, ce ne sont pas les livres qui manquent. Pour tout dire, Gogoffe est si passionné de lecture qu'il s'est mis en tête de lire tous les livres que contient cette bibliothèque.

Mais pendant que Gogoffe lit, les personnages de sa bande dessinée s'impatientent et rouspètent. Ils voudraient que leur maître termine son travail avant de s'amuser.

« Maître Gogoffe n'a même pas pris le temps de me dessiner un sourire, dit la princesse Naya en essuyant une larme.

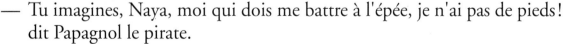

— Tu imagines, Naya, moi qui dois me battre à l'épée, je n'ai pas de pieds ! dit Papagnol le pirate.

— S'il vous plaît, parlez plus fort ! Je n'entends rien, dit Bouteille, le génie bougon. Gogoffe était tellement pressé de se plonger dans ses livres qu'il a oublié de me dessiner des oreilles !

— On ne peut pas rester comme ça ! s'écrie Naya. Il faut que nous ramenions Gogoffe à sa table à dessin ! »

Les trois personnages de Gogoffe se mettent donc d'accord pour donner une bonne leçon à leur maître insouciant.

La nuit venue, ils se glissent sans bruit hors du cadre de la bande dessinée. Rapidement, ils s'emparent d'une photo de Gogoffe et quittent l'atelier en l'emportant. Trois minutes plus tard, ils sont dans la grande bibliothèque, très affairés. Bouteille met la photo-copieuse en marche pendant que Papagnol et Naya préparent ce qu'il faut. Ils collent la photo de Gogoffe sur une feuille où ils écrivent le message suivant:

Naya relit attentivement pour s'assurer que le message ne contient pas de fautes. C'est bon! Elle donne la feuille à Bouteille qui en fait des centaines de photocopies. Les trois personnages s'empressent ensuite de placer une copie du message dans chacun des livres de la bibliothèque.

« J'espère que ça va marcher, dit Papagnol. J'en ai assez de marcher sur les chevilles! »

Leur plan réalisé, Bouteille, Naya et Papagnol retournent à l'atelier de Gogoffe et reprennent silencieusement leur place dans la bande dessinée. Ils sont aussi immobiles qu'un roc. Personne ne pourra les soupçonner de ce qu'ils viennent de faire.

Le lendemain, quand Gogoffe va échanger ses livres à la bibliothèque, il est accueilli par une foule en délire. Tous les enfants crient en chœur :

« On veut *Rigolade à Bagdad*! On veut *Rigolade à Bagdad*! »

Gogoffe n'y comprend rien. Et monsieur Bellehumeur, le biblio-thécaire, n'est pas content. Il lui agite sous le nez une copie du message qu'il trouve dans chaque livre qu'il ouvre :

« Vous savez bien qu'il est strictement interdit de faire de la publicité ici! » dit-il à Gogoffe d'un ton sec.

Le pauvre Gogoffe est très embarrassé. Il ne sait pas quoi dire aux enfants qui lui posent des questions sur *Rigolade à Bagdad*. Il finit par expliquer que le livre n'est pas encore paru. Un pro-blème d'impression, ajoute-t-il. Penaud, il promet la parution prochaine du livre.

Gogoffe s'en retourne chez lui en se demandant qui a bien pu lui jouer ce mauvais tour... Mais aussitôt qu'il se met au travail, il oublie tout. Il est comme transporté dans un univers magique. Il dessine un sourire à Naya, des pieds à Papagnol et des oreilles à Bouteille pour qu'ils puissent enfin poursuivre leurs formidables aventures dans *Rigolade à Bagdad*.

● Y a-t-il des situations que tu as trouvées amusantes dans cette histoire? Raconte-les.

● Donne un élément qui est complètement imaginaire dans ce texte.

Lis ce texte qui t'explique l'origine du papier et diverses façons de le fabriquer.

La fabrication du papier

Le papier est une des inventions les plus importantes de l'histoire. Selon une vieille légende, c'est un fonctionnaire chinois de la Cour impériale, Tsai Lun, qui aurait découvert le secret de sa fabrication il y a de cela plus de 2000 ans. Avant cette découverte, les Chinois écrivaient sur des os de porc ou de bœuf, sur des écailles de tortue, sur du bois ou sur des lattes de bambou. Peux-tu t'imaginer un livre fait en écailles de tortue? Il serait très lourd et très encombrant, n'est-ce pas?

Il fallait donc trouver un matériau plus pratique et plus léger: ainsi est née l'idée du papier. On fabriquait le papier avec du chanvre, du lin, du bambou ou des écorces de mûrier, un arbre très répandu en Chine. On faisait d'abord tremper ces fibres végétales dans de l'eau, puis on les cuisait dans de la cendre. Les fibres cuites étaient écrasées à la main jusqu'à l'obtention d'une pâte. Grâce à divers procédés, la pâte était transformée en feuilles que l'on faisait sécher au soleil ou dans un four. Une fois sèche, la feuille était recouverte d'une mince couche d'amidon de riz qui la solidifiait.

EUROPE

MOYEN-ORIENT   ASIE CENTRALE

CHINE

La route du papier

Pendant longtemps, la Chine a été la seule région du monde à produire du papier. Mais vers le VIIe siècle, le procédé s'est répandu en Asie centrale, au Moyen-Orient, puis en Europe.

Entre 1450 et 1455, l'Allemand Gutenberg a inventé l'imprimerie. Grâce à cette invention, on a pu produire rapidement plusieurs copies des mêmes livres. Cela a fait augmenter considérablement la demande de papier. C'est ainsi que sont nées les papetières, les usines où l'on fabrique le papier.

Dans les papetières, on fabriquait le papier avec de vieux chiffons de coton ou des voiles et des cordages de navires. Ce n'est qu'au XIXe siècle que le bois est entré dans la composition du papier. Il fallait trouver une solution, car il n'y avait plus assez de vieux chiffons pour répondre aux besoins des papetières. En 1844, l'Allemand Keller a eu l'idée de presser du bois contre une meule mouillée, une sorte de broyeur, afin d'en extraire la fibre, la pulpe. C'était en 1844.

Le papier d'aujourd'hui

Curieusement, la fabrication du papier a très peu changé depuis son invention. D'abord, la papetière doit s'approvisionner en fibres de bois. Il s'agit surtout des copeaux et des sciures de bois que rejettent les scieries. Les fibres de bois sont ensuite transformées en pâte par un procédé mécanique ou chimique.

Pour fabriquer la pâte mécaniquement, on presse des rondins de bois dépouillés de leur écorce dans d'immenses meules. La pâte qu'on obtient sert à fabriquer des papiers peu résistants, du papier journal par exemple.

Dans le procédé chimique, on met le bois dans un très grand chaudron appelé *lessiveur*. On ajoute des produits chimiques et on cuit le tout à 170 °C pendant environ 5 heures. Avec cette pâte, on fabrique des papiers plus résistants, comme celui de ton manuel.

On peut aussi fabriquer du papier à partir de papier ou de carton usagé. Le recyclage du papier permet de sauver des arbres et est moins polluant pour l'environnement.

L'étape suivante consiste à extraire de la pâte la grande quantité d'eau qu'elle contient, plus de 97 %. Pour ce faire, la pâte est projetée sur une toile ou un tamis. Cela permet de filtrer la majeure partie de l'eau et de former une feuille. Une fois formée, la feuille est pressée entre deux rouleaux qui extraient une autre quantité d'eau. Ensuite, la feuille passe à la sécherie où des cylindres chauffés à la vapeur feront s'évaporer l'eau que peut encore contenir le papier. Enfin, la feuille passe entre des rouleaux chauffés où elle est comprimée et lissée.

Étapes de la fabrication du papier.

Le rondin est réduit en morceaux.

L'écorce est enlevée du tronc.

Les morceaux traités chimiquement sont transformés en pulpe.

La pulpe est asséchée, étirée et polie entre une série de rouleaux pour former le papier.

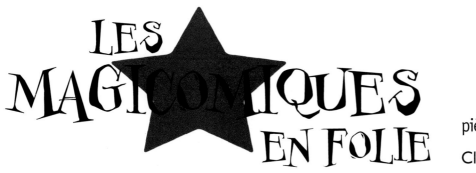

pièce en deux actes

Claire St-Onge

Résumé

À la bibliothèque de l'école, on découvre avec stupéfaction que plusieurs livres se sont transformés en nouvelles aventures de la très populaire série des Magicomiques. La bibliothécaire prend les choses en mains et décide de faire appel à l'auteure. Celle-ci arrive à la rescousse.

Personnages

Mme Millefeuilles : une bibliothécaire à l'air sévère.

Souris : l'aide-bibliothécaire qui sourit tout le temps.

1er élève : un lecteur fanatique des Magicomiques.

2e élève : une élève très studieuse.

Mme Laformule : la célèbre auteure des Magicomiques.

Décor

La bibliothèque de l'école.

ACTE I

Derrière le comptoir de prêts, Mme Millefeuilles s'affaire à étamper une pile de revues, tandis que Souris promène son chariot de livres entre les étagères. Assise à une table avec sa pile d'encyclopédies, l'élève studieuse est concentrée sur sa recherche. L'élève fana fait son entrée et se dirige tout droit vers le comptoir de prêts.

Élève 1, *plein d'espoir.* — Madame Millefeuilles, avez-vous le nouveau livre des Magicomiques ?

Mme Millefeuilles soupire, fait signe que non et poursuit son travail.

Élève 1. — En êtes-vous bien certaine ?

Mme Millefeuilles, *sur un ton sec.* — Mais puisque je te le dis ! Tous les exemplaires, absolument tous les exemplaires du douzième livre sont sortis. Si tu as envie de te joindre au « fan club » de la liste d'attente, tu n'as qu'à donner ton nom à Souris...

Mme Millefeuilles regarde en direction de Souris.

Mme Millefeuilles, *sur un ton dédaigneux.* — Souris! Il y a ici un autre Magimaniaque pour toi...

Souris s'approche en riant.

Souris. — Magimaniaque! Magimaniaque! Très drôle, madame Millefeuilles. À vous entendre, on jurerait que vous n'aimez pas les Magicomiques. Pourtant, l'autre jour, je vous ai vue en train de dévorer le dernier.

Mme Millefeuilles, *montrant l'élève 1.* — Tutt! Tutt! Occupe-toi donc de tes affaires.

Souris prend un rouleau de papier sur le comptoir et le fait dérouler devant l'élève 1 : la liste d'attente s'étire jusqu'à terre.

Souris. — Tu veux que j'ajoute ton nom?

Élève 1, *se gratte la tête.* — Heu...

Souris. — Si mes calculs sont exacts, le tome 12, intitulé *Les Magicomiques et la brosse à dents diabolique*, sera disponible dans 17 mois et 21 jours.

Élève 1, *exprimant la stupéfaction.* — Dix-sept mois !!!

Souris compte en silence sur les doigts de sa main libre.

Souris. — Oups! J'ai oublié de compter les vacances d'été...

Il saisit une calculatrice et se met à refaire ses calculs, tandis que l'élève 1, découragé, s'éloigne du comptoir, la tête basse. Il s'arrête près d'une table devant une pile de livres qu'il se met à feuilleter distraitement.

L'élève 2 s'étire en bâillant, puis ouvre un autre grand livre et prend soudain un air épouvanté.

Élève 2. — Mais c'est impossible! Je deviens dingue!

Elle se lève et va trouver Mme Millefeuilles avec son livre.

Élève 2. — Regardez, madame Millefeuilles. Je suis certaine d'avoir pris sur les rayons un documentaire sur les araignées et... et... et... je me retrouve avec une aventure des Magicomiques sous le nez!

Mme Millefeuilles prend un air dédaigneux et enlève ses lunettes pour mieux examiner le livre. Elle remet ses lunettes et continue son examen. Elle enlève ses lunettes, remet ses lunettes...

Mme Millefeuilles. — Très étrange, en effet. Vraiment très, très étrange...

Elle s'approche de Souris, toujours en train de calculer.

Mme Millefeuilles, *sur un ton de reproche.* — Dis-moi, Souris, se pourrait-il que nous ayons reçu un autre roman des Magicomiques sans que j'en aie été avertie?

Souris. — Impossible, madame Millefeuilles. Il y a seulement 12 livres des Magicomiques et le douzième a paru le 12 avril dernier, c'est-à-dire le jour de mon anniversaire! J'en étais tout ému... J'adorrrre les aventures des Magicomiques!

Élève 2, *impatiente.* — Tant mieux pour toi. Mais alors, d'où il sort, ce livre-ci?

Souris n'a pas entendu la question. Il continue à parler à Mme Millefeuilles.

Souris. — Et je ne vous ai pas raconté la meilleure... Pour mon anniversaire, j'ai reçu en cadeau 12 exemplaires du tome 12... et je les ai tous lus!

Exaspérée, l'élève 2 met le livre sous le nez de Souris.

Élève 2. — Tu aimerais peut-être lire le tome 13, pour faire changement?

Souris s'empare du livre et l'examine à son tour sous toutes les coutures. Il devient de plus en plus excité.

Souris, *lisant la couverture.* — *Les Magicomiques et la barbe de Merlin...* Ouais! Une nouvelle aventure de mes héros favoris? C'est extraordinairrrre! Incrrrroyable! Mirrrrobolant! Mirrrrifique! MAGIQUE!

Mme Millefeuilles, *agacée.* — Magique... magique... Pfft! Cesse donc de dire des bêtises, Souris... Au contraire, la situation est catastrophique! Ce livre ne devrait pas se trouver ici, il ne fait pas partie de nos collections, c'est un intrus!

Souris. — Je peux l'emprunter, alors? Je le rapporterai demain, promis! Je lirai toute la nuit s'il le faut...

L'élève 1 ouvre le dernier livre de la pile qu'il y avait sur la table et tout à coup son visage s'illumine.

Élève 1, *lisant le titre.* — Tome 14: *Les Magicomiques et le secret du grille-pain.* Un nouveau Magicomiques? Je n'en crois pas mes yeux!

Il s'empresse d'aller aviser Mme Millefeuilles de sa trouvaille.

Élève 1. — Madame Millefeuilles, comment se fait-il que vous ayez le quatorzième livre et pas le douzième? C'est parfaitement illogique!

Souris. — Parfaitement magique, tu veux dire...

Élève 1. — Mais, c'est bien vrai... J'ai lu un article cette semaine sur l'auteure, madame Laformule. Elle racontait qu'elle était justement en train d'écrire le treizième tome. Qu'est-ce qui se passe?

Élève 2. — Il se passe que je ne peux plus continuer ma recherche sur les araignées à cause d'un documentaire qui se prend pour une aventure des Magicomiques!

L'élève 1 se dirige vers une étagère et se met à ouvrir des livres au hasard.

Élève 1. — Regardez! Il y en a un autre ici! Tome 16: *Les Magicomiques affrontent la fée Carrosse.*

Souris se précipite vers son chariot plein de livres et fait la même chose.

Souris. — Ici aussi! Tome 19: *Les Magicomiques et la quête des amygdales.* Et voici le tome 36!

Élève 1, *continuant d'ouvrir des livres.* — Tome 76! 129! 333!

Mme Millefeuilles est dans tous ses états, se prend la tête.

Mme Millefeuilles. — Arrêtez! Arrêtez! Ça suffit! Ne touchez plus à rien!

Souris. — Mais, mais... C'est pourtant forrrrmidable, ce qui arrive! Génial! Il y en a enfin pour tout le monde!

Élève 1. — Souris a raison... Je pense que vous allez bientôt devenir très populaire, madame Millefeuilles.

Mme Millefeuilles, *indignée.* — Quoi? MA bibliothèque bondée à craquer? Mon Dieu! j'espère bien que non! Ça ferait beaucoup trop de vacarme pour mes pauvres oreilles! Allez, allez! Tout le monde dehors, je ferme! Et je ne veux plus voir personne ici avant que tout soit rentré dans l'ordre. Je vais résoudre ce mystère... promesse de bibliothécaire!

Souris tente de dissimuler un livre des Magicomiques sous son chandail pendant que Mme Millefeuilles pousse les deux élèves vers la sortie.

Mme Millefeuilles. — Je t'ai vu, Souris... Donne-moi ce livre!

Mme Millefeuilles prend le livre et lui en donne un léger coup sur la tête.

Mme Millefeuilles. — Allez! Ouste! Dehors!

Mme Millefeuilles ferme la porte et revient vers le comptoir pour téléphoner.

Mme Millefeuilles. — Allô? Je suis bien aux éditions du Balai-qui-rit? S'il vous plaît... Je voudrais parler à madame Laformule. Oui, l'auteure des Magicomiques.

Les lumières s'éteignent.

Fin du premier acte

ACTE II

Mme Millefeuilles entre dans la bibliothèque, suivie de Mme Laformule, et allume les lumières. Sur les tables et par terre, il y a des boîtes de carton pleines de livres.

Mme Millefeuilles. — Chère madame Laformule, je vous suis infiniment reconnaissante d'avoir répondu si vite à mon appel au secours.

Mme Laformule. — Mais ce n'est rien du tout, au contraire. C'est ma faute, tout ce qui arrive. Il faut bien que je répare mes erreurs.

Mme Millefeuilles. — Excusez le désordre. J'ai eu un mal fou à tout rassembler. Ça s'est répandu comme une vraie épidémie. En moins de 24 heures, la moitié des livres se sont transformés...

Mme Laformule. — Vous avez raison... une vraie catastrophe! C'est la troisième fois ce mois-ci que mes livres échappent à mon contrôle. Le succès les a rendus fous. Ils trouvent que je n'écris pas assez vite et ils se croient plus malins que moi, alors ils se mettent à s'écrire tout seuls, comme vous avez pu le constater. La semaine dernière, je suis allée un peu partout pour réparer les dégâts causés par mes livres publiés en anglais. La semaine d'avant, j'étais en Allemagne pour mater l'édition en allemand. Et voilà que l'édition française fait des siennes. Mais ne vous en faites pas, je vais tout arranger.

Sur un ton déterminé: C'est moi l'auteure, et mes livres doivent m'obéir, un point c'est tout!

Mme Laformule sort de son sac une plume d'oie magique et la pointe en direction des boîtes de livres.

Mme Laformule.
— Allez, mes p'tits rigolos de romans délinquants... Revenez dans ma tête. Et que ça saute !

Mme Laformule pousse ensuite toute une série d'éternuements.

Mme Laformule. — Voilà, c'est fait. Le tour est joué.

Mme Millefeuilles, pas trop rassurée, prend au hasard dans une boîte un livre ensorcelé et l'examine.

Mme Millefeuilles. — Ça a marché ! Merci ! Merci, madame Laformule ! Vous me sauvez la vie !

Mme Laformule remet la plume dans son sac et se dirige vers la porte.

Mme Laformule. — Mais c'est tout naturel, voyons...

Mme Millefeuilles. — Ha ! ha ! ha ! très drôle !

Mme Millefeuilles suit Mme Laformule et, juste avant de sortir à son tour...

Mme Millefeuilles. — Madame Laformule ? J'aurais encore une petite faveur à vous demander. Est-ce que je pourrais avoir votre autographe ?

Mme Millefeuilles éteint les lumières et ferme la porte derrière elle.

Fin

En règle générale, le féminin des noms et des adjectifs se forme par l'ajout d'un e au mot masculin. Cependant, pour certains noms et adjectifs, tu dois transformer la finale pour obtenir le féminin. Voici quelques cas.

Certains mots se transforment au féminin

Finales	Noms	Adjectifs
er → ère	berger → bergère boulanger → boulangère pâtissier → pâtissière	étranger → étrangère léger → légère premier → première
f → ve	veuf → veuve	neuf → neuve
eux → euse	amoureux → amoureuse boiteux → boiteuse gueux → gueuse	courageux → courageuse joyeux → joyeuse malheureux → malheureuse
teur → trice	acteur → actrice directeur → directrice réalisateur → réalisatrice	évocateur → évocatrice protecteur → protectrice révélateur → révélatrice

Le participe présent s'emploie très souvent après la préposition en.

Le participe présent

Il faut raconter son histoire en utilisant *des dessins et de courts textes.*

Mais on peut aussi l'employer sans cette préposition.

*N'*écoutant *que son cœur, Viviane décida un jour d'ensorceler Merlin.*

- Pour former le participe présent, tu ajoutes **ant** au radical du verbe conjugué à l'indicatif présent avec *nous*.

nous aimons → **aim**ant

nous finissons → **finiss**ant

nous voulons → **voul**ant

Lorsque tu dois chercher des renseignements dans un livre, tu n'es pas obligé de feuilleter le livre page après page, ce serait beaucoup trop long ! Tu peux d'abord consulter la table des matières.

Consulter une table des matières

La table des matières contient tous les titres des chapitres (ou divisions) d'un livre, et souvent même les titres de leurs subdivisions. Tout à fait à droite de chacun de ces titres est indiqué le numéro de la page où débute ce chapitre ou cette subdivision.

Voici à quoi pourrait ressembler un extrait de la table des matières d'un livre intitulé *L'histoire de l'écriture*.

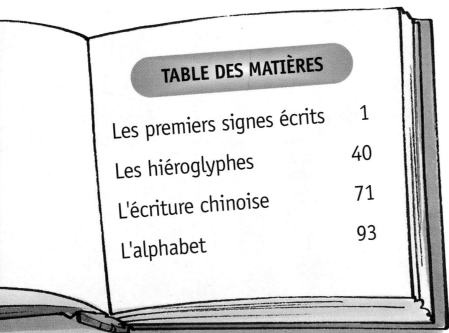

Tu commences par chercher le sujet ou l'aspect particulier du sujet sur lequel tu dois te documenter. Lorsque tu l'as repéré, tu obtiens le numéro de la page où tu dois commencer à lire pour trouver tes renseignements.

La table des matières se trouve habituellement au début du livre. Dans certains livres, par exemple un roman, elle peut se trouver à la fin.

On emploie souvent le subjonctif présent après un verbe comme **craindre**, **douter, falloir, vouloir, souhaiter.**

Le subjonctif présent

La coutume veut que chacun raconte *une belle histoire.*

*Je vous propose l'histoire d'un ami qui était esclave comme moi sur un navire algérien avant que vous m'*achetiez*.*

Viens dans mes bras, que je te serre *contre mon cœur!*

Ils voudraient que leur maître termine *son travail avant de s'amuser. Il faut que nous* ramenions *Gogoffe à sa table à dessin!*

Je souhaite qu'il fasse *attention au livre que je lui ai prêté.*

Il est facile de reconnaître un verbe conjugué au subjonctif puisqu'il est presque toujours précédé du mot **que.**

Les terminaisons des verbes conjugués au subjonctif présent sont **e, es, e, ions, iez, ent.**

AIMER	FINIR
Que j'aim**e**	Que je finiss**e**
Que tu aim**es**	Que tu finiss**es**
Qu'il / elle aim**e**	Qu'il / elle finiss**e**
Que nous aim**ions**	Que nous finiss**ions**
Que vous aim**iez**	Que vous finiss**iez**
Qu'ils / elles aim**ent**	Qu'ils / elles finiss**ent**

Attention ! Les verbes **avoir** et **être** ne suivent pas le modèle ci-dessus.

CHAQUE JOUR, PENDANT DES SEMAINES, KOMI-KOUK FIT DÉCOUVRIR À AVI-NOUK LES IMPRESSIONNANTES STRUCTURES DE L'ANTIQUE CITÉ.

AVI-NOUK ÉTAIT RENVERSÉE PAR LA DIVERSITÉ DES MATÉRIAUX UTILISÉS ET PAR LA PERFECTION DE LEUR ASSEMBLAGE.

CES OUVRAGES COLOSSAUX QUI AVAIENT ÉTÉ BÂTIS DANS LA GRANDE PLAINE, À QUOI AVAIENT-ILS BIEN PU SERVIR?

L'EXPLORATION DE LA CHAÎNE DES ARCHES RÉSERVA BIEN DES SURPRISES ENCORE.

PERCHÉE AU PLUS HAUT SOMMET DE LA CHAÎNE, AVI-NOUK RÉFLÉCHIT LONGUEMENT POUR PERCER LE SECRET, POUR DEVINER LE PLAN D'ENSEMBLE DES STRUCTURES APPAREMMENT SI DISPARATES DE LA CITÉ.

APRÈS DES MOIS DE PATIENTS TRAVAUX DE RESTAURATION, DIRIGÉS PAR LE GÉNIE D'AVI-NOUK, LA CITÉ AVAIT RETROUVÉ SA MAGNIFICENCE D'ANTAN.

Montréal

C'est ici que je vis
C'est là que tout se passe
Et je rêve à haute voix
Cette maison m'écoute

La ville d'octobre
Le rouge la recrée
L'oblige à s'émouvoir
Le soleil a pour elle
Des fards troublants et doux

La nuit des gratte-ciel
Se livrent des combats fantasques
Au-dessus du festin nocturne
De la laideur des néons
De la promiscuité des uns et des autres
Qui tentent désespérément de s'aimer

Montréal
Avenue du Parc bleue
Sainte-Catherine arc-en-ciel
Avenue des Pins disparus
Côte-des-Neiges sales
Oratoire cinq Joseph
Musée de cire des temps fondus
Montréal aller-retour
Pour le plaisir de revenir
À Montréal...

Georges DOR

(Poèmes et chansons d'amour et d'autre chose, « Montréal »,
© Leméac éditeur (Bibliothèque Québécoise) 1991)

Lis ce texte qui te montre quelques-unes des fonctions d'une grande ville.

La grande ville

Une grande ville, c'est un peu comme un organisme géant qui doit chaque jour consommer des tonnes de produits, nourrir ses cellules, se nettoyer et rejeter ses déchets. Voyons un peu comment tout cela se fait.

De l'eau !

Au Québec, chaque personne consomme environ 400 litres d'eau par jour. Dans une ville comme Montréal, ce sont donc plusieurs centaines de millions de litres d'eau qui sont consommés quotidiennement. Heureusement, Montréal possède une gigantesque réserve d'eau : le Saint-Laurent.

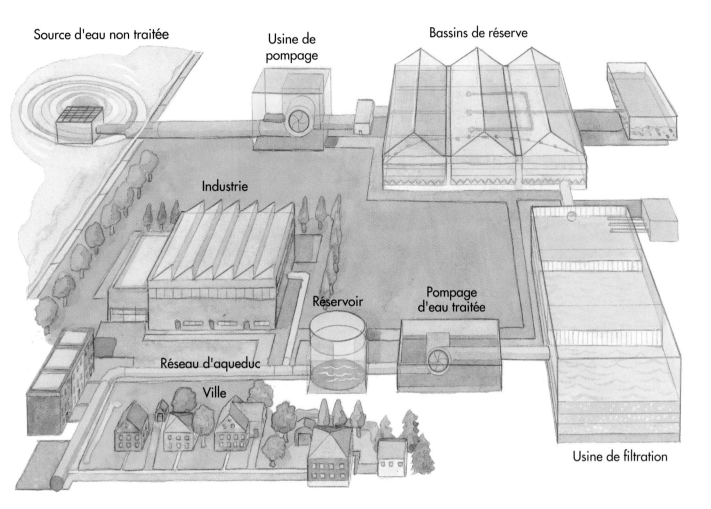

Source d'eau non traitée

Usine de pompage

Bassins de réserve

Industrie

Réservoir

Pompage d'eau traitée

Réseau d'aqueduc

Ville

Usine de filtration

Usine de filtration d'eau.

L'eau du fleuve est pompée jusque dans de vastes usines de filtration où elle est tamisée, filtrée et désinfectée. L'eau devenue potable s'écoule par de grosses conduites vers des réservoirs. De ces immenses réservoirs, l'eau parcourt ensuite des milliers de kilomètres de tuyaux souterrains qui permettent sa distribution dans toutes les rues et à chaque immeuble. C'est ce qu'on appelle le réseau d'aqueduc.

La qualité de l'eau est sévèrement contrôlée. Chaque jour, on fait des prélèvements dans les usines de filtration. Des chimistes et des microbiologistes font aussi plusieurs analyses de l'eau tout au long de son voyage vers nos robinets.

Le voyage des eaux usées

Où vont les centaines de millions de litres d'eau que les habitants des grandes villes rejettent tous les jours en tirant la chasse d'eau des toilettes ou en enlevant le bouchon de la baignoire? Où vont l'eau de pluie et l'eau des machines à laver les vêtements ou la vaisselle? Où vont toutes ces eaux qu'on appelle les «eaux usées»?

Le voyage des eaux usées commence dans les égouts. L'eau de pluie ou la neige qui fond au printemps s'écoule dans les bouches d'égout. Et chaque maison est reliée à un réseau d'égouts souterrain. Sous les rues d'une grande ville, il y a donc des milliers de kilomètres de conduites d'égouts.

Les conduites d'égouts, installées en pente, vont déverser les eaux usées dans des stations d'épuration. Dans ces stations, les eaux usées passent d'abord par des grilles qui retiennent les gros déchets. Les liquides passent ensuite dans de grands bassins où des bactéries les nettoient. Enfin, l'eau épurée est rejetée dans un fleuve ou dans une rivière.

Station d'épuration.

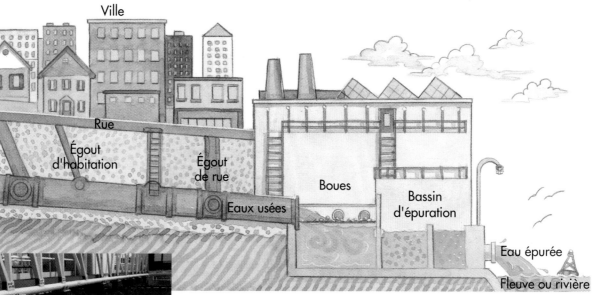

Les déchets retenus par les grilles sont déposés dans des réservoirs où ils vont se décomposer lentement. En se décomposant, ces déchets se transforment en une espèce de boue. En fermentant, cette boue dégage un gaz appelé *méthane*. Et ce méthane peut être brûlé pour produire... de l'électricité!

←Pont racleur et écume à la surface de l'eau d'un décanteur.

Bacs et poubelles

S'il n'existait pas de service d'enlèvement des déchets, les grandes villes seraient vite ensevelies sous des montagnes d'ordures. Mais que fait-on de nos ordures ménagères et des déchets industriels?

Les déchets domestiques et industriels peuvent être enterrés dans des décharges. C'est ce qu'on appelle l'enfouissement des ordures. On peut aussi brûler les déchets à de très hautes températures dans des incinérateurs.

Mais cela pollue l'environnement. C'est pourquoi on a de plus en plus recours au recyclage. Plus de la moitié de nos déchets domestiques sont recyclables: papier, verre, plastique, boîtes de conserve, etc. Recycler, c'est une façon de faire du neuf avec du vieux! Par exemple, savais-tu que les vêtements en polar sont fabriqués avec des matières plastiques recyclées?

Lumières sur la ville

Pour bien fonctionner, une grande ville dépend de tout un réseau de services : collecte des déchets, aqueducs, égouts, etc. Mais les services les plus importants sont ceux qui fournissent l'énergie, car sans pétrole, sans électricité ou sans gaz naturel, rien ne va plus !

Comme toi, la ville a donc besoin d'être « alimentée » en énergie. À Montréal, par exemple, les conduites de gaz naturel passent sous les rues avant d'entrer dans les immeubles. Le réseau électrique est souterrain ou aérien, et il est rattaché à une centrale hydroélectrique. L'électricité est la principale source d'énergie pour les maisons, les usines et les gratte-ciel.

Métro, boulot...

Imagine un gigantesque corps dans lequel le sang circule... Vues de haut, c'est à cela que les rues des grandes villes ressemblent : autos, vélos, autobus, camions et piétons circulent dans les artères urbaines et font battre le cœur de la ville.

Pour que la circulation se fasse bien, il faut entretenir les milliers de kilomètres de chaussée et de trottoir, c'est-à-dire les réparer, les nettoyer, les déneiger. Dans le ventre de la ville, il n'y a pas de neige ni de pluie. Hé oui ! il fait toujours beau dans le métro et dans les longs couloirs de la ville souterraine.

En plus de leur réseau routier et souterrain, les grandes villes possèdent d'autres voies de transport. Il y a le port où accostent des navires du monde entier, l'aéroport et ses avions, une gare aux trains remplis de passagers et de marchandises, sans compter la circulation sur les ponts...

Pin-pon... Pin-pon...

Une grande ville a besoin de services d'urgence. Un incendie se déclare?
À toute vapeur, les pompiers sortent de leur caserne dans de rutilants
camions. Le feu doit vite être maîtrisé pour éviter que plusieurs
maisons ne brûlent. Un accident de la circulation?
Un malade à transporter? Les ambulanciers arrivent
rapidement pour donner les premiers soins. Puis
l'ambulance fonce à vive allure vers l'hôpital.

Une infraction? Une disparition? Les policiers sont
fidèles au poste, prêts à toute intervention. Avec
la police, l'ordre est de retour et l'enquête suit son
cours. Secours, santé et sécurité sont bien assurés!
À l'échelle d'une grande ville, si les services d'urgence
manquent, cela tourne vite à la catastrophe.

- Connais-tu d'autres fonctions des grandes villes?
- Quel métier aimerais-tu exercer pour faire
  fonctionner une grande ville?

Lis ces quelques informations sur la plus grande ville du Québec.

Montréal, la grande ville

L'île de Montréal est bordée au sud par le fleuve Saint-Laurent et au nord par la rivière des Prairies. Montréal est une ville cosmopolite qui compte presque 2 millions d'habitants, des Montréalais de différentes origines et cultures.

Chaque année, Montréal est l'hôte de prestigieux événements culturels : Festival international de jazz, festivals du film, du conte, de la chanson franco-phone... En été comme en hiver, les multiples théâtres, cinémas, bibliothèques et salles de spectacles ouvrent leurs portes. Une foule d'activités culturelles font le plaisir des petits et des grands : concerts de l'Orchestre symphonique, spectacles de marionnettes, feux d'artifice, etc.

Le musée d'archéologie de la Pointe-à-Callière.

Il ne faut pas oublier non plus les nombreux musées. Pour s'initier à la paléontologie et à l'histoire, la visite du musée Redpath, du musée d'archéologie de la Pointe-à-Callière ou du musée McCord s'impose ! Pour connaître les œuvres des artistes d'hier et d'aujourd'hui, d'ici ou d'ailleurs, on visitera avec profit le Musée des beaux-arts, le Musée d'art contemporain de Montréal et les nombreuses galeries d'art publiques ou privées.

Le Musée des beaux-arts.

Pour faire une enrichissante remontée dans le temps, il suffit de se balader dans le Vieux-Montréal. On ira d'abord saluer le sieur de Maisonneuve, le fondateur de Ville-Marie en 1642, dont le monument s'élève sur la place d'Armes. On découvrira ensuite le site du Vieux-Port de Montréal, où fut construite l'habitation de Ville-Marie.

La basilique Notre-Dame.

La basilique Notre-Dame vaut le détour. Cette magnifique église a été construite entre 1824 et 1829, et ses 2 tours ont été achevées en 1842. Elles renferment 2 cloches nommées Jean-Baptiste et Gros Bourdon, cette dernière pesant plus de 12 tonnes. L'intérieur de la basilique éblouit avec ses ors, ses 11 vitraux illustrant l'histoire de Montréal et son orgue constitué de 5772 tuyaux!

Juste à côté de Notre-Dame s'élève le Vieux Séminaire, bâti en 1683, le plus vieil édifice de la ville. Le château Ramezay, qui date de 1705, est un château-musée qui contient des objets amérindiens et d'intéressantes collections de meubles et de costumes. Rue Saint-Paul se dresse la chapelle Notre-Dame-de-Bonsecours (1771) et le marché Bonsecours (1850) avec son dôme argenté.

Le château Ramezay.

↓ Le marché Bonsecours.

La très jolie chapelle Notre-Dame-de-Bonsecours.

La Place Ville-Marie.

Le Biodôme de Montréal.

C'est la Place Ville-Marie qui a ouvert le bal des gratte-ciel en 1959. Depuis, le centre-ville ressemble à un gigantesque hérisson avec ses hauts édifices piquants. Du ciel, on plonge sous terre pour emprunter le métro ou encore pour circuler à pied dans la plus grande ville souterraine du monde.

Et les activités de plein air? En toute saison, c'est la récréation dans les nombreux parcs. Par exemple, les pistes de ski de fond et les longues glissades du mont Royal se transforment l'été en sentiers de randonnée pédestre et de vélo de montagne. Les amoureux de la nature peuvent admirer une grande variété d'oiseaux, nourrir les écureuils et même surprendre marmottes, mouffettes ou renards roux!

Au Biodôme et à l'Insectarium, d'autres petites bêtes attendent les visiteurs. Après avoir parcouru les 30 jardins extérieurs et les 10 serres du Jardin botanique, on fait une pause.

Mais une toute petite pause, car l'exploration des trésors de l'île de Montréal vient à peine de commencer!

● À ton avis, quels aspects de Montréal rendent cette ville unique?

La ville souterraine

Montréal possède la ville souterraine la plus développée du monde. Elle comprend notamment des stations de métro, 2 gares ferroviaires, 3 salles de concerts, 2000 boutiques et environ 30 kilomètres de corridors, places et promenades. On peut y circuler pendant toute l'année à l'abri des intempéries et des rigueurs de l'hiver. Mais la ville souterraine n'est pas seulement vaste. Elle se distingue aussi par la grande propreté des lieux, par sa sécurité et par son animation. Chaque jour, plus de 250 000 personnes s'y rendent pour travailler, pour magasiner ou pour se divertir.

Montréal ne s'est pas construite en un jour !
Lis ce texte qui relate son histoire.

Montréal, une longue histoire

Des débuts difficiles

À l'arrivée de Jacques Cartier en 1535, des Iroquois étaient installés sur l'île de Montréal, alors verdoyante et giboyeuse. On estime que leur village, qui s'appelait Hochelaga, comportait 1500 habitants. C'est Cartier qui nomma « mont Royal » le petit mont de l'île.

En 1611, Samuel de Champlain songea à établir un poste de traite sur l'île, au bord du fleuve Saint-Laurent, à l'emplacement de l'actuel Vieux-Montréal. Il trouvait ce lieu très propice à la traite des fourrures. Mais il n'y avait pas assez d'habitants en Nouvelle-France pour peupler une autre ville que Québec, qu'il avait fondée trois ans plus tôt. Curieusement, il n'y avait plus de village iroquoien sur l'île.

La fondation de Montréal

En 1642, Maisonneuve fonde Ville-Marie avec un groupe d'une quarantaine de personnes. Ils s'installent à Pointe-à-Callière. En 1645, on construit l'hôpital Hôtel-Dieu que dirigera Jeanne Mance.

La petite colonie s'est donné la mission de convertir les Amérindiens à la foi catholique. Pendant une dizaine d'années, la population stagne à une cinquantaine de personnes. Celles-ci connaissent de durs moments à cause du climat, mais surtout des attaques incessantes des Iroquois qui veulent contrôler le commerce des fourrures.

En 1653, Maisonneuve revient de France avec 95 nouveaux colons, hommes et femmes. Des naissances contribuent peu à peu à augmenter la petite population.

En 1658, Marguerite Bourgeoys ouvre une première école. Avec des religieuses venues de France, elle fonde la congrégation de Notre-Dame, une communauté qui se consacre à l'éducation des filles et des garçons français et amérindiens.

L'agriculture

En 1648, un premier moulin permettait de moudre la farine de blé. En 1663, la seigneurie de Montréal est cédée à une communauté religieuse, les Sulpiciens.

De 1663 à 1760, l'agriculture se développe autour de Montréal, dans les campagnes de la vallée du Saint-Laurent. Le partage des terres se fait selon le système des rangs, un regroupement de terres étroites alignées le long du fleuve, puis à l'intérieur de l'île. En 1731, il y a une trentaine de rangs dans la campagne montréalaise, et la population totale est alors de 3000 habitants.

Les fourrures

Montréal étant devenue un important lieu de traite des fourrures, les principaux marchands s'installent peu à peu en ville. Ce commerce aurait fait vivre le tiers de la population en âge de travailler.

Montréal est un centre organisateur du commerce de fourrure et le chef-lieu d'un territoire agricole. C'est à la place du marché, à proximité du port, que les citadins achètent les produits des agriculteurs.

L'aménagement de la ville

Dès 1672, on trace les premières rues :
Saint-Joseph, Saint-Pierre, Saint-Paul,
Saint-Charles et Notre-Dame.
Les habitants sont si peu habitués
aux rues que les autorités doivent
leur interdire d'y semer des céréales !

Les attaques des Iroquois étant
toujours fréquentes, on entoure la ville
d'une palissade de pieux en 1685,
qui sera remplacée par des fortifi-
cations de pierre en 1717.

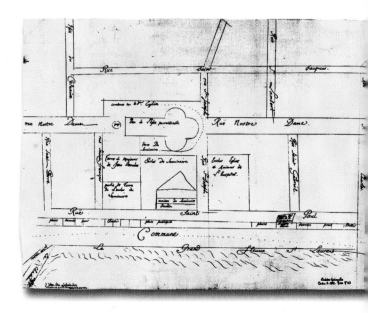

Plusieurs gros incendies ravagent la ville. En 1721, un incendie désastreux
détruit l'Hôtel-Dieu et plus de 170 bâtiments. Les autorités interdisent dès lors
la construction de maisons de bois. Au fil des ans, on construira de plus en plus
de maisons en pierre avec des toits recouverts de fer blanc. C'est pourquoi
certains surnommeront Montréal « la cité d'argent ». En 1740, la ville
compte plus de 450 maisons.

⬤ Peux-tu établir des liens entre Montréal
  d'aujourd'hui et Montréal aux premiers
  temps de la colonie ?

Hochelaga

Quand Jacques Cartier visite l'île de
Montréal en 1535, il y rencontre des
Iroquoiens établis dans un grand village
appelé Hochelaga. À l'intérieur du
village protégé par une haute palissade,
l'explorateur voit une cinquantaine de
maisons longues et il estime la population à environ 1500 personnes.
Quand Champlain vient explorer le
fleuve en 1603, ces Iroquoiens ont
disparu de l'île. Que s'est-il passé ? La communauté a-t-elle dû se déplacer en
raison de mauvaises récoltes ? A-t-elle été gravement touchée par une maladie
apportée par les Européens ? A-t-elle été attaquée par des Algonquins, des
Hurons ou d'autres Iroquois qui voulaient se réserver le commerce
des fourrures avec les colons français ? Les causes de cette disparition restent
un peu mystérieuses.

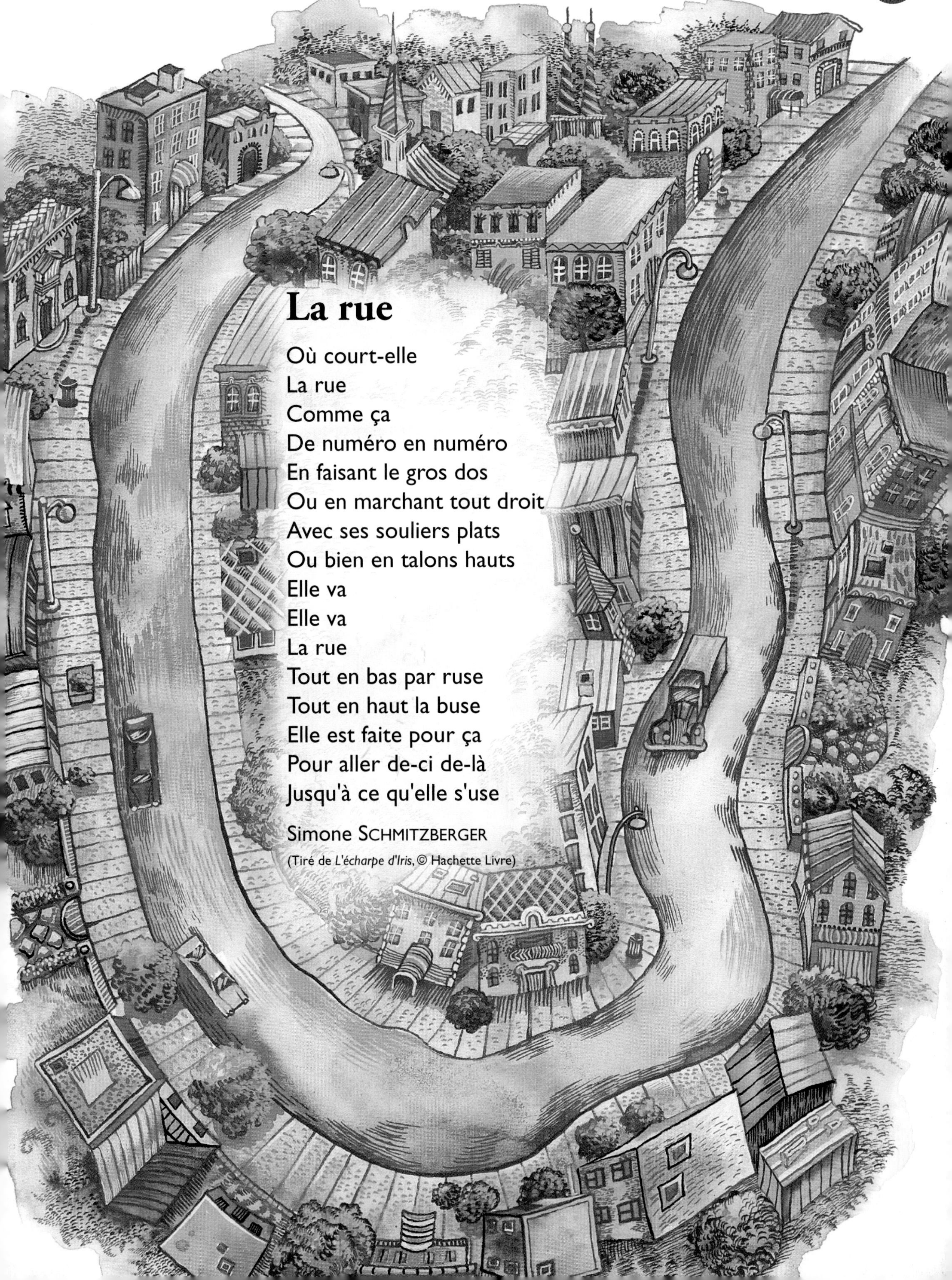

La rue

Où court-elle
La rue
Comme ça
De numéro en numéro
En faisant le gros dos
Ou en marchant tout droit
Avec ses souliers plats
Ou bien en talons hauts
Elle va
Elle va
La rue
Tout en bas par ruse
Tout en haut la buse
Elle est faite pour ça
Pour aller de-ci de-là
Jusqu'à ce qu'elle s'use

Simone SCHMITZBERGER

(Tiré de *L'écharpe d'Iris*, © Hachette Livre)

Lis ce texte qui parle d'un aspect important de la ville : la nature !

La nature en ville

On peut trouver qu'une ville est belle à cause de son architecture et de ses monuments. Mais sans verdure, elle perd beaucoup de son charme et la qualité de vie de ses habitants s'en ressent. As-tu déjà remarqué tous les efforts que l'on fait pour préserver la nature en milieu urbain ?

Squares, parcs et jardins publics

On appelle architectes paysagistes les professionnels qui aménagent les squares, les jardins et les parcs. Leur travail consiste à exploiter au mieux les ressources du territoire tout en les protégeant. Par exemple, ils s'efforcent de rendre les points d'eau facilement accessibles aux promeneurs, mais en prévoyant des sentiers bien balisés pour éviter que les gens ne piétinent la flore.

Les squares sont de petits jardins, souvent de forme rectangulaire, aménagés au milieu d'une place publique. On y trouve souvent une fontaine au centre, des allées tout autour, de la pelouse, des bancs et, bien entendu, des arbres et des fleurs à profusion.

La tour Eiffel de Paris.

Les jardins publics sont des espaces généralement beaucoup plus grands que les squares. On y plante des fleurs et des arbustes qui ne pousseraient pas par eux-mêmes de façon naturelle. Certains jardins ont une visée éducative, comme le Jardin botanique de Montréal ou le jardin des Plantes de Paris, où des serres ouvertes à l'année abritent des espèces exotiques.

Les parcs urbains sont aménagés sur des espaces beaucoup plus grands encore. Contrairement aux squares et aux jardins, ce sont des aires naturelles qui peuvent facilement faire oublier la ville. On y fait de la bicyclette, de la course à pied, de la marche en sentiers, des jeux de ballon, des pique-niques... Les parcs constituent aussi des sites de spectacle tout à fait exceptionnels.

Le Jardin botanique de Montréal.

Le parc du mont Royal

Le plan d'aménagement du parc du mont Royal a été réalisé de 1873 à 1881 par le grand architecte paysagiste Frederick Law Olmsted. L'architecte voulait éviter que le développement urbain envahisse tous les espaces naturels et prive les humains des pouvoirs de repos et de guérison de la nature. Il s'est efforcé de respecter le plus possible les caractères propres de la montagne en la rendant accessible aux gens de tout âge. Il traça une large voie d'accès très peu accentuée qui assure aux promeneurs une lente progression jusqu'au sommet. Un réseau de sentiers secondaires greffés à la voie principale réserve de magnifiques points de vue sur la ville et offre de multiples lieux de recueillement.

Le parc du mont Royal accueille plus de 3 millions de visiteurs chaque année. Pour les Montréalais, c'est un lieu privilégié d'observation de la faune et de la flore, car le parc compte plus de 700 espèces végétales et 150 espèces d'oiseaux.

Les jardins privés

Certaines personnes qui vivent en ville aménagent des jardins et des potagers étonnamment élaborés pour le peu de superficie disponible. L'herbe est parsemée de fleurs, la vigne court sur les murs ou sur des structures de bois ou de métal, les lourds plants de tomates donnent du fil à retordre à leur tuteur, les salades font compétition aux multiples variétés de fines herbes. On trouve même des arbres fruitiers comme des pommiers, des cerisiers et des oliviers qui fleurissent joliment au printemps et qui donnent de bons fruits en automne.

L'utilité des arbres

En ville, les arbres produisent de l'ombre, ce qui est très apprécié à la saison chaude, mais ils rafraîchissent également l'air en utilisant l'énergie de leur milieu. En effet, lorsque les arbres libèrent de l'eau par évaporation, l'énergie qu'ils consomment fait baisser la température ambiante. On estime qu'un arbre isolé rafraîchit autant que dix climatiseurs. De plus, les feuilles des arbres retiennent une grande quantité de poussières de l'air pollué des villes. Mieux encore, les feuilles contiennent des substances qui tuent des microbes qu'elles interceptent.

Les vertus de la verdure

Savais-tu qu'un environnement harmonieux favorise notre bien-être quotidien ? Beaucoup de villes organisent d'ailleurs des concours d'embellissement des propriétés par les fleurs, offrent des plants à leurs résidents ou en installent au bord des routes, entre les chaussées, sur les terrains publics et commerciaux.

Il ne faut pas oublier que les plantes sont essentielles à la vie animale. Par exemple, les arbres abritent les oiseaux, qui y font leur nid, et des insectes, qui s'en nourrissent. La faune contribue elle aussi à l'attrait des rues et des espaces verts de la ville.

Chaque plante qui pousse dans la plus petite parcelle de terrain agrémente la vie des citadins, qu'il s'agisse d'un trottoir, d'un balcon ou simplement d'un rebord de fenêtre. Quel plaisant pied de nez à faire à l'asphalte, à la brique et au béton !

● Que penses-tu des efforts qu'on fait pour embellir la ville ?

> Une enfant nous raconte son arrivée à Montréal.
> Lis son curieux récit.

Mon tour du monde en un jour

Claude MORIN

Je m'appelle Paule. J'habite à Rosemont, un quartier de Montréal. Auparavant, je vivais à la campagne, loin des bruits de la ville. Un beau jour, mon père a été muté à Montréal dans une filiale de son entreprise. Dès lors, plus question pour moi de grimper aux arbres. Plus possible non plus, la nuit venue, de contempler la Grande Ourse dans un ciel d'encre. Et en quittant mon village, j'allais perdre tous mes copains. J'étais terriblement inquiète.

Aujourd'hui, je vais à l'école de mon quartier et, rassurez-vous, je me suis fait de nombreux amis. Mais il m'arrive souvent de repenser à ma première journée en ville.

Ma rencontre avec le dragon

Le déménagement avait commencé très tôt le matin, bien trop tôt pour moi. J'étais complètement endormie quand nous sommes arrivés à Montréal. Je n'ai donc pas vu l'autoroute surélevée, ni le Stade olympique, ni la file de voitures sur le grand pont Jacques-Cartier. Non. Au sortir du sommeil, une vision d'horreur me glaça le sang. Un immense dragon rouge et or me fixait dans les yeux! Doucement, j'ai regardé autour de moi, par la fenêtre de la voiture. Stupéfaite, j'ai cru que j'étais en Chine. Je n'arrivais pas à déchiffrer une seule lettre sur les affiches des restaurants et des épiceries.

Comment? La Chine était donc si proche? Encore ensommeillée, j'étais bien perplexe. Je n'osais pas poser de questions sur le possible changement d'itinéraire de mes parents. Mieux valait me replonger au plus tôt dans ma somnolence!

Ma mère avait repris le volant et nous roulions à bonne allure. Je ne trouvais plus la tranquillité. Où allais-je me réveiller la prochaine fois? Si j'avais pu aboutir en Chine en quelques heures, tout pouvait arriver. Tiraillée par le doute, je résolus de relever la tête et de risquer un regard vers l'extérieur. Ouf! Nous avions quitté la Chine. Mais cela ne me disait pas où nous étions. Un groupe d'hommes avec d'étranges chapeaux noirs déambulaient sur le trottoir. De longues et fines mèches de cheveux bouclés pendaient près de leurs oreilles. Ils sortaient d'une sorte d'église. J'étais incapable de deviner de quel pays ils étaient.

Peu de temps après, ma mère décida qu'il était temps de manger. Elle réussit assez aisément à trouver un stationnement à côté d'un petit restaurant. Ni un ni deux, nous étions attablés et prêts à commander. On me proposa toutes sortes de plats inconnus.

«Ma fille mangera un souvlaki, dit maman au serveur. Et moi aussi.

— La même chose pour moi, ajouta mon père.

— Un souvla... quoi? ai-je demandé à mon père.

— C'est un excellent plat de la cuisine grecque», m'expliqua-t-il.

Je savais enfin où nous étions. Même si j'étais encore peu experte en géographie, j'ai compris que nous étions à Montréal, dans la grande ville.

Un peu plus tard, ma mère dit à mon père: «Nous voilà déjà dans la Petite Italie. Tu vois ces beaux plants de tomates? Ces bons restaurants?»

Nous étions bien à Montréal. Après la Petite Italie, encore une enfilade de boutiques asiatiques, puis un peu à l'est, la Petite Amérique latine. Que de choses à raconter dans les lettres que j'allais envoyer aux amis de mon ancien village ! Marco Polo lui-même n'avait pas mieux fait. En une seule journée, j'avais parcouru la Chine, la Grèce, l'Italie, le Viêt Nam, le Cambodge, l'Argentine, le Salvador et bien d'autres pays encore.

Retour sur terre

Depuis mon réveil, je n'avais pas dit un mot à mes parents. Ceux-ci, tout affairés qu'ils étaient à s'orienter dans une ville si riche et si changeante, ne s'en étaient d'ailleurs nullement inquiétés. Au détour d'une rue, ma mère me montra une grande tour. J'ai compris que nous étions arrivés à destination.

Mon père me dit : « C'est ici que nous allons habiter, Paule. Juste à côté du Jardin botanique de Montréal. »

De notre logement, au vingtième étage, je découvrais toute la ville. Tout près, le Stade olympique avec sa tour penchée, puis au loin le pont Jacques-Cartier, les grands édifices du centre-ville et, à mes pieds, le magnifique parc du Jardin botanique. J'étais fascinée. Un soleil magnifique brillait sur la ville. Quelle perspective !

Ma mère, qui avait fini de remplir le frigo des premières victuailles, me retrouva dans notre fabuleux observatoire pour admirer le paysage.

« Reconnais-tu les endroits où nous venons de passer, ma chérie ?

— Tu sais, maman, j'ai un peu dormi, répondis-je, confuse.

— Regarde là-bas, me dit-elle, vers l'ouest, près des quatre grandes tours. C'est le quartier chinois, où nous sommes passés chercher les clefs de l'appartement.

Puis ma mère m'expliqua dans ses mots ce qu'était une grande ville. Je me souviens encore de ses paroles si enthousiastes : «Avant d'être un lieu où poussent les gratte-ciel, une grande ville, c'est un lieu magique où se rencontrent tous les peuples du monde.»

Elle m'indiqua la direction des divers quartiers de la ville. Quartier grec, portugais, italien, chinois, latino-américain, portoricain, haïtien, etc. Elle me raconta aussi que sur le boulevard Saint-Laurent on pouvait, en quatre ou cinq coins de rue, faire presque le tour du monde. Et elle m'invitait à découvrir tout ça avec elle !

*   *   *

Après cette aventure, je ne fus pas surprise de rencontrer dans mon école des enfants de toutes les cultures. Certains parlaient même d'autres langues. À présent, ma meilleure amie, c'est Lien. Ses parents sont nés au Viêt Nam, dans un pays où il ne neige jamais.

Ensemble, nous faisons du Tae Kwon Do, du karaté coréen. Nos parents, qui sont devenus amis, suivent ensemble des cours de tango argentin. Ce soir, nous allons manger des pupusas de maïs à la pupuseria du père de notre ami Miguel, qui vient du Salvador. Après le souper, avec des amis, nous allons admirer les prouesses de notre ami Mohammed Hawad, le joueur de hockey le plus prometteur de sa génération.

Une grande ville, c'est... Comment dire ? C'est... Bon ! Mais vous le savez déjà ! Maman l'a dit.

- Que penses-tu de la définition qu'on donne d'une grande ville ?
- Connais-tu d'autres grandes villes ? Que peux-tu en dire ?

Lis ce texte pour mieux connaître la ville qu'on appelle «la vieille capitale».

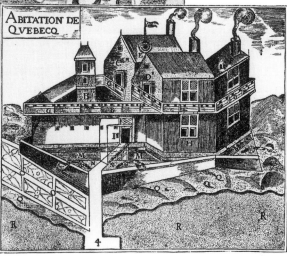

Québec, la capitale

La ville de Québec est située sur la rive nord du fleuve Saint-Laurent, au confluent de la rivière Saint-Charles. Samuel de Champlain fonda Québec en 1608. Le mot *Québec* vient du micmac *Gépeg*, qui signifie «rétrécissement du fleuve». On raconte aussi que des Amérindiens, en voyant les navires français, crièrent : *Kabec, kabec* (débarquez, débarquez).

Québec est le berceau de la Nouvelle-France. On y a d'abord fait la traite des fourrures. Puis, vers 1617, quelques familles de paysans français sont venues s'y installer. Aujourd'hui, la population de la ville dépasse les 500 000 habitants.

Québec est la capitale de la province de Québec. Le gouvernement du Québec, l'Assemblée nationale, siège à l'hôtel du Parlement. Québec est aussi un centre économique important avec son port et ses industries. C'est également un grand centre culturel avec son université et ses nombreux musées (le Musée de la civilisation, le Musée du Québec, etc.), ses salles de spectacles et ses théâtres.

L'habitation qu'a fait construire Champlain au pied du Cap-aux-Diamants.

Vue du port de Québec.

L'hôtel du Parlement. →

Été comme hiver, on ne s'ennuie jamais avec les Fêtes de la Nouvelle-France, le Festival d'été de Québec ou le Carnaval et son célèbre Bonhomme !

Après avoir parcouru les rues étroites aux jolies maisons, visité la place Royale et les boutiques d'artisanat de la Basse-Ville, on peut emprunter le funiculaire... jusqu'au sommet du cap Diamant, qui s'élève à presque 100 mètres au-dessus du fleuve. Il n'est pas étonnant que la Haute-Ville de Québec soit classée «joyau historique du patrimoine mondial» depuis 1985. Son site est magnifique et Québec est la seule ville fortifiée en Amérique du Nord.

La Haute-Ville, entourée de murailles, comporte sa citadelle et ses bâtiments datant du XVIIe siècle. On peut marcher durant des heures sans se lasser dans les rues de la ville fortifiée, admirer le château Frontenac ou se rendre à la terrasse Dufferin pour contempler le panorama.

← Le Musée de la civilisation.

↑ La citadelle.

↓ La porte Saint-Jean.

↓ La place Royale.

Ce ne sont pas les parcs et les jardins qui manquent à Québec. Le parc des Champs-de-Bataille, plus souvent appelé les plaines d'Abraham, est de loin le plus fréquenté. Ce site, où les Français perdirent la guerre contre les Britanniques, est devenu un immense espace de verdure où l'on peut flâner et s'amuser en toute saison.

● Fais une recherche pour connaître d'autres aspects intéressants de la vieille capitale.

Le château Frontenac a été construit par étapes à partir de 1892. Ce prestigieux hôtel a été agrandi quatre fois.

Le parc des Champs-de-Bataille

En 1908, une loi du gouvernement fédéral créa un organisme ayant pour mission de conserver les grands champs de bataille historiques de Québec. C'est pourquoi le magnifique site du parc des Champs-de-Bataille a pu être préservé du développement urbain pour devenir un des plus prestigieux parcs du monde. Aujourd'hui, on peut y découvrir l'histoire, y observer la nature et y pratiquer divers sports. Le parc offre en effet aux amateurs de randonnée pédestre un sentier de 10 km et des pistes de ski de fond de 11 km. On y trouve aussi des installations permanentes pour pratiquer le baseball, le volley-ball, le soccer et le patin à roues alignées.

La ville la nuit

Dans la ville, la nuit,
Les lumières enchantent,
Les voitures, les bruits,
Les passants, les saisons;
Et les hautes maisons
Sont comme des falaises
Au bord des rues magiques.
Merveilles électriques;
Néons couleur de fraises
De cerises vermeilles...

La ville est un verger
Et l'on pourrait manger
Les fruits de ses reflets!

Georges JEAN

(*Écrit sur la plage,* © Gallimard)

Les poubelles

Trois jolies poubelles
Dans une ruelle
Papotent entre elles.

— Qu'est-ce que tu trimbales?
Des chaussettes sales?

— J'ai un vieux soulier...
Tu veux l'essayer?

Vient une cigale
D'humeur musicale.

Chant de cigale
Poubelles cymbales
Poubelles timbales
Concert génial!

CLÉMENT, HELLINGS et NORAC

(*La ville — Dis les bruits,* © Casterman)

Pourquoi la ville de Trois-Rivières porte-t-elle ce nom ?
Lis ce texte qui t'éclairera sur ce point et sur beaucoup d'autres.

Trois-Rivières, capitale régionale

Trois-Rivières est située au confluent du fleuve Saint-Laurent et de la rivière Saint-Maurice. À son embouchure, le Saint-Maurice se divise en trois bras, d'où le nom de Trois-Rivières.

Deuxième plus ancienne ville du pays, Trois-Rivières fut fondée en 1634 par le sieur de Laviolette. Le site, qui était fréquenté depuis longtemps par des tribus algonquiennes, a été pendant des années le plus important poste de traite pour le commerce des fourrures.

Vers 1700, avec moins de 1000 personnes, Trois-Rivières ressemblait à un gros village. Au cours des siècles, la population a augmenté. Aujourd'hui, la ville compte plus de 125 000 habitants.

Trois-Rivières est une pionnière dans le domaine de l'industrie. Dès 1733, on fonda les forges du Saint-Maurice, qui produisaient chaudrons, haches, poêles, etc. Il est encore possible de visiter cet important site historique. À partir de 1850, les industries forestière et papetière se développèrent. Trois-Rivières a été pendant des années la capitale mondiale du papier.

L'industrie papetière en Mauricie

C'est vers 1880 que des industriels ont fait bâtir la Laurentide Pulp, une usine de pâte à papier mécanique fonctionnant à l'électricité. Entre 1898 et 1919, elle devenait la plus grosse entreprise de papier journal du pays. Bientôt, d'autres usines semblables ont été établies pour profiter des immenses ressources forestières et hydroélectriques de la région. La Mauricie était devenue le plus important centre de production de pâtes et papiers du Canada.

En 1908, un incendie a détruit une partie de la ville. Le manoir Boucher-de-Niverville, bâti au XVIIᵉ siècle, a miraculeusement échappé aux flammes. Ce manoir abrite maintenant le bureau d'information touristique et une exposition de meubles anciens. Il y a plusieurs autres musées à Trois-Rivières : le Musée des arts et traditions populaires du Québec, le Musée d'archéologie, le musée Pierre-Boucher, etc.

Le manoir Boucher-de-Niverville.

Le musée des Ursulines.

Tout au long de l'année, il y a des activités pour tous les goûts : le Salon du livre, Trois-Rivières en blues, l'International de l'art vocal, le Grand Prix automobile, l'Exposition agricole régionale. Mentionnons aussi le prestigieux Festival international de la poésie.

Le Festival international de la poésie.

Le Musée québécois de la culture populaire.

En parcourant Trois-Rivières, on découvre son port, le pont Laviolette, un centre hospitalier, une université, quelques arénas, un hippodrome, une bibliothèque, alouette! Après avoir visité la ville, quoi de mieux que de se reposer ou de manger dans l'un de ses cafés ou restaurants? Pour flâner, pique-niquer ou s'amuser, l'un des 74 parcs et espaces verts attend les amoureux de la nature.

Ainsi se termine la promenade dans le passé et le présent d'une ville unique, aussi rare que son emblème floral: l'aster à feuilles de linaire, qui fleurit en abondance, mais seulement à Trois-Rivières!

● Connais-tu d'autres attraits de la ville ou des environs? Lesquels?

Les forges du Saint-Maurice

Installées au bord de la rivière Saint-Maurice, à quelques kilomètres de Trois-Rivières, les forges du Saint-Maurice ont été la première industrie sidérurgique au pays. En 1730, François Poulin de Francheville reçoit du roi de France un brevet d'exploitation de 20 ans. Cela lui permet de fonder la Compagnie des forges de Saint-Maurice en 1733.

Le 20 août 1738, on allume le haut fourneau. Pendant près de 150 ans, il chauffera sans interruption 6 à 8 mois par année, produisant plus de 2 tonnes de fonte par jour. Sous le régime français, les ouvriers produisent surtout du fer en barre. Après la conquête anglaise de 1760, on y produira une foule d'objets moulés: socs de charrue, poêles, chaudrons, marmites, écuelles, bouilloires, casseroles, mortiers, pilons, haches, roues de wagons, canons et boulets de canons. Le plus ancien haut fourneau d'Amérique du Nord s'éteint en 1883.

Le pays sans fleurs

Un soir qu'elle n'arrivait pas à s'endormir, une enfant demanda à sa grand-mère de lui raconter une histoire.

« Je me sens triste, lui dit-elle. Raconte-moi une belle légende qui me fera rêver un peu.

— Mon enfant, commença-t-elle doucement, est-ce que je t'ai déjà raconté ce temps où la terre était couverte d'êtres vivants très jolis, mais inanimés, qu'on appelait des fleurs ? Ces splendides petites choses multicolores poussaient dans les champs, dans les bois, autour de nos maisons et sur le bord des routes. Le mélange de leurs parfums embaumait l'air. Quand on en offrait une, c'était par amitié ou par amour.

— C'est vrai ? s'émerveilla la fillette. Comme j'aimerais en voir une !

— Les fleurs étaient certes extraordinaires par elles-mêmes, continua la femme en souriant, mais elles attiraient en plus d'autres êtres vivants, animés ceux-là : les oiseaux et les insectes qui volaient parmi elles. Les oiseaux, couverts de plumes, sifflaient et chantaient à ce qu'on dit, et les papillons, plus petits, avaient des ailes de toutes les couleurs. En plus, des abeilles fabriquaient du miel délicieux avec le nectar sucré des fleurs.

— Mais comment se fait-il que nous ne connaissions aujourd'hui que cailloux, terre sèche et sable ? Pourquoi ces merveilleuses créatures ont-elles disparu ? » demanda l'enfant avec dépit.

La femme expliqua à sa petite-fille qu'à une lointaine époque plusieurs de leurs ancêtres devinrent très méchants. Un puissant sorcier décida alors de quitter la ville et de se retirer tout seul au sommet d'une montagne en emportant avec lui toutes les fleurs, car il considérait que ce peuple mauvais ne les méritait pas.

« Tu sais, je n'ai jamais vu de fleurs, ni d'insectes ailés, ni d'oiseaux. Ma mère n'en a pas vus non plus, ni même ma grand-mère... Ce sont sans doute des histoires inventées par des personnes qui n'avaient rien d'autre à faire que de rêver. Je n'aurais jamais dû te raconter toutes ces bêtises », conclut tout bas la conteuse. Mais l'enfant s'était déjà endormie.

* * *

Au cours de cette nuit-là et de celles qui suivirent, la fillette rêva que sa maison était entourée de petites taches de couleurs chatoyantes et que de charmants êtres ailés faisaient un merveilleux concert. Chaque matin, elle éprouvait une vague tristesse quand, ouvrant les yeux, elle apercevait par la fenêtre un paysage aussi stérile que celui de la veille.

Il se passa bien des années, et la fillette était devenue une jeune femme. Un matin, elle se réveilla de bonne humeur, s'habilla, remplit son baluchon et annonça qu'elle allait tenter de retrouver le sorcier pour le convaincre de leur rendre la douceur des fleurs. Sa grand-mère était désespérée.

« Oublie ces vieilles histoires à dormir debout. Tu ne réussiras qu'à te perdre ! Reste ici, lui conseilla-t-elle, ne sois pas stupide ! »

Mais la jeune fille était bien résolue à tenter sa chance. S'il était possible de ramener un peu de beauté et de joie dans sa ville, elle ferait tous les efforts pour y parvenir. Le cœur léger, mais convaincue de l'importance de sa mission, elle avança droit devant elle vers la montagne. Sa grand-mère, admirant sa détermination et se rappelant avec nostalgie ses rêves anciens, lui souhaita finalement bonne chance. Sur son passage, les habitants de la ville chuchotaient, apeurés par son audace.

Le jeune femme marcha et marcha jusqu'à atteindre des régions montagneuses, très loin de la ville. Après quelques jours de marche, elle commença à gravir une première montagne. Derrière elle, il y en avait une autre, puis une troisième, plus haute, et d'autres encore. Jusqu'où le sorcier s'était-il enfoncé dans l'arrière-pays, nul ne le savait. L'histoire datait d'une époque si lointaine...

Sur la septième montagne, la plus haute, la jeune femme sentit un doux parfum lui caresser les narines. D'instinct, elle se laissa guider par son odorat. Au bout d'un temps, elle entendit de joyeux sifflements. Puis, enfin, elle vit la plus belle chose qu'il lui avait été donné d'admirer : un versant de montagne tout fleuri, bourdonnant d'insectes et grouillant d'oiseaux. Le spectacle était plus extra-ordinaire que tout ce qu'elle avait imaginé !

Mais l'apparition du sorcier, immense et majestueux, stoppa net la course folle de la jeune femme vers le superbe jardin.

« Que viens-tu faire sur mon domaine ? demanda dignement le colosse.

— Je ne suis pas venue pour détruire ou piller, grand sorcier, mais bien pour tenter de m'attirer votre grâce. Je n'ai qu'un vœu : que les gens soient bons et heureux. Sans les fleurs, il me semble impossible qu'un peuple vive dans la joie. Permettez-nous de retrouver ce don de la nature que mes ancêtres ont perdu, par leur faute, depuis fort longtemps. Laissez-moi rapporter quelques fleurs que je planterai ici et là dans ma ville grise, au bas des montagnes. »

Le sorcier fut si enchanté par la sensibilité et la bienveillance de la jeune femme qu'il se mit à souffler sur les fleurs. Celles-ci s'envolèrent aussitôt vers la ville comme une nuée magique, suivie d'oiseaux, de papillons, d'abeilles, de coccinelles et de libellules multicolores. Des plants de toutes sortes se mirent à pousser instantanément sur le flanc de la montagne. Le spectacle était absolument magique.

Les bras chargés de fleurs, la jeune femme dit mille mercis au sorcier puis dévala les montagnes. En ville, les gens l'attendaient impatiemment pour lui témoigner leur reconnaissance. Chacun reçut une fleur de sa main, en gage d'amitié. À l'unanimité, la jeune femme fut acclamée reine, rôle qu'elle assuma avec beaucoup de sagesse.

Depuis ce jour, le soleil et la pluie font toujours pousser de magnifiques variétés de fleurs qui rappellent à chaque être humain qu'il faut s'efforcer d'être bon et courageux. Et qu'il faut admirer et respecter les belles choses de la vie.

● Si les plantes n'existaient plus, comment crois-tu que cela affecterait les humains ?

● Connais-tu beaucoup de variétés de fleurs ? Lesquelles ?

Quand doit-on utiliser l'apostrophe ? On emploie l'apostrophe pour remplacer la lettre e, a ou i placée devant un mot commençant par une voyelle ou un h muet. C'est ce qu'on appelle l'élision. Observe bien le tableau suivant.

L'apostrophe

Élision de la lettre

e	le ami → l'ami le hôtel → l'hôtel
	ce est Montréal → c'est Montréal
	je arrive → j'arrive
	je me installe → je m'installe
	elle te attend → elle t'attend
	vous le enverrez → vous l'enverrez
	nous ne avons pas fini → nous n'avons pas fini
	le mode de emploi → le mode d'emploi
	je pense que il viendra → je pense qu'il viendra
	jusque à demain → jusqu'à demain
	lorsque on partira → lorsqu'on partira
	puisque aucun ne veut → puisqu'aucun ne veut
a	la école → l'école la horloge → l'horloge
	il la a invitée → il l'a invitée
i (seulement devant le pronom il)	si il est revenu → s'il est revenu (Mais on écrit si elle est revenue.)

Attention ! Les mots quelque et presque s'élident seulement dans quelqu'un et presqu'île.

Un **anglicisme** est un mot emprunté à la langue anglaise. Certains anglicismes sont acceptés dans la langue française, alors que d'autres sont critiqués parce qu'il existe déjà un mot français équivalent.

Les anglicismes

Voici une liste d'anglicismes critiqués et leurs équivalents français.

Anglicismes critiqués	Équivalents français
jusqu'**à date**	jusqu'**à maintenant**
le **boss** l'a congédié	le **patron** l'a congédié
le chauffeur a **braké**	le chauffeur a **freiné**
le **bumper** d'une voiture	le **pare-chocs** d'une voiture
une **can** de conserve	une **boîte** de conserve
canceller un rendez-vous	**annuler** un rendez-vous
checker un numéro	**vérifier** un numéro
réparer un **flat**	réparer une **crevaison**
avoir du **fun**	avoir du **plaisir**
une **game** de hockey	un **match** de hockey
manquer de **gaz**	manquer d'**essence**
c'est une **joke**	c'est une **blague**
le **muffler** d'une voiture	le **silencieux** d'une voiture
un **pamphlet** publicitaire	un **dépliant** publicitaire
parker sa voiture	**stationner** sa voiture
pitcher une balle	**lancer** une balle
un **tire** dégonflé	un **pneu** dégonflé
watcher quelqu'un	**surveiller** quelqu'un

Les mots **base-ball**, **match**, **shampoing** et **ticket** sont des exemples d'anglicismes acceptés dans la langue française.

Les noms ont un genre: ils sont masculins ou féminins. C'est important de connaître le genre d'un nom, puisque le nom donne son genre au déterminant et aux adjectifs qui l'accompagnent dans le groupe du nom.

Le genre des noms

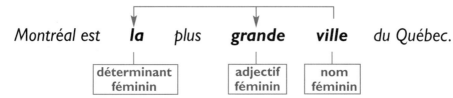

Montréal est **la** plus **grande** **ville** du Québec.

| déterminant féminin | adjectif féminin | nom féminin |

Les noms qui sont **masculins** peuvent être précédés du déterminant **un**. Ceux qui sont **féminins** peuvent être précédés du déterminant **une**.

Cependant, tu peux avoir de la difficulté à retenir le genre de certains noms, surtout s'ils commencent par une voyelle ou un h muet. Dans ces cas, tu peux consulter le dictionnaire. Voici un tableau où sont classés quelques-uns de ces noms selon leur genre.

Noms masculins	Noms féminins
un aéroport	une ambiance
un ascenseur	une anecdote
un astérisque	une atmosphère
un autobus	une automobile
un automne	une autoroute
un avion	une aventure
un escalier	une échalote
un été	une échelle
un hélicoptère	une enveloppe
un héritage	une épingle
un hiver	une espèce
un hôpital	une étoile
un horaire	une hélice
un ombrage	une horloge
un orage	une ombre
un orteil	une omoplate

> As-tu envie de bouger ? Voici un texte qui te donnera plein d'idées pour développer ton adresse, ton équilibre et ton endurance !

Le gymkhana

Pour finir l'année en beauté, voici une série d'épreuves que tes amis et toi pourrez combiner et modifier à votre guise selon l'espace et les matériaux dont vous disposez. Vous perpétuerez ainsi la tradition indienne du gymkhana, qui consiste en une série d'épreuves qu'il faut franchir dans un esprit de saine compétition, seulement pour s'amuser.

Comment organiser le gymkhana ?

Préparez soigneusement votre gymkhana en respectant les étapes suivantes :

- Choisissez les épreuves et décidez l'ordre de leur enchaînement.
- Prévoyez tout le matériel nécessaire.
- Disposez le matériel sur un parcours et faites-en l'essai. Assurez-vous que les distances et les épreuves ne sont ni trop faciles ni trop difficiles.
- Faites une affiche pour indiquer le départ et une autre pour l'arrivée.

Les règles à suivre

Voici les règles de la compétition :

- Faites d'abord une démonstration de chaque épreuve.
- Prévoyez des observateurs qui chronométreront les participants et qui veilleront à faire respecter les règles du jeu.
- Une règle à retenir : lorsqu'une personne rate une épreuve (tombe, échappe quelque chose, ne fait pas ce qui était prévu, etc.), elle a deux autres chances... mais elle perd du temps.

Exemples d'épreuves

Le ressort

Saute pour toucher des objets suspendus sans les décrocher ou pour toucher des marques un peu distancées les unes des autres sur un mur.

L'endimanché

Marche sur des pierres ou sur des morceaux de bois sans toucher le sol, comme si tu avais peur de salir tes belles chaussures.

La grenouille

Comme une grenouille, saute par-dessus des obstacles et touche le sol avec les mains entre chaque obstacle.

L'unijambiste éclopé

Sur une de tes cuisses, en position horizontale, pose une petite poche de sable et saute doucement jusqu'à la prochaine épreuve sans faire tomber le sac.

L'unijambiste

Enfile un « boulet » à ta cheville, puis avance en le faisant tourner autour de ton pied enchaîné et en sautant par-dessus avec l'autre pied. Pour le boulet, sers-toi d'un petit sac rempli de sable cousu à une corde d'environ 40 cm de long, elle-même cousue à un bracelet de cheville en tissu.

L'éclopé

Tiens une de tes jambes avec une main et saute d'un cerceau à l'autre sans tomber.

- As-tu d'autres idées pour enrichir le parcours ? Lesquelles ?
- Trouve des idées amusantes pour terminer la journée en beauté : un goûter, une épreuve de groupe, une projection, etc.

Les animaux aiment bien s'amuser. Toi aussi ? Alors, lis vite ce texte.

Jeux d'animaux

Le jeux de « ramasse »
Un chimpanzé se tient accroupi sur une table.
Il réclame une petite cuiller de bois, son jouet
préféré. Dès qu'on la lui donne, il la jette par terre,
la réclame de nouveau, pour la rejeter aussitôt.
Voilà un petit jeu éprouvant pour les nerfs que
les bébés humains connaissent aussi très bien !

*Tous les animaux évolués
aiment jouer. Il est
courant, par exemple,
de voir un chat s'amuser
avec une pelote de laine
ou une boulette de papier.
Les chiens, eux, ne se
lassent pas de rapporter
une balle ou un bout
de bois qu'on leur lance.
À l'occasion, ils font aussi
toutes sortes de jeux
comiques avec leur ombre.*

*Ce qui est étonnant,
c'est que les animaux
connaissent la plupart
des jeux universels, c'est-
à-dire les jeux auxquels
les humains s'adonnent
depuis des milliers d'an-
nées, dans tous les pays
du monde. En voici
quelques exemples.*

Le jeu de cache-cache
Un jeune lion se cache derrière un arbre et attend
patiemment qu'on découvre sa cachette. Un jeune
singe, quant à lui, s'est imaginé un jeu encore plus
divertissant. Il s'est glissé sous une bassine renversée.
Dès qu'un singe adulte s'approche, il se met à courir,
sa drôle de carapace sur le dos.
Quel plaisir de surprendre
ainsi son entourage !

Les poursuites

Dans une clairière, une dizaine de jeunes cerfs se sont rassemblés. Spontanément, un meneur de jeu se détache du groupe. Il doit poursuivre ses amis et tenter de les toucher du bout du museau. Le cerf qui est touché devient le nouveau meneur de jeu, et la poursuite reprend de plus belle. Cela ne te rappelle-t-il pas un jeu bien connu?

Le roi du château

Voici un des jeux les plus populaires chez les animaux. Presque toutes les espèces d'animaux supérieurs y jouent. Un jeune animal, un ourson par exemple, monte sur une butte de terre. Chaque participant doit tenter de le surprendre et de le culbuter pour prendre sa place et devenir le nouveau roi du château.

Les pseudo-batailles

Qui ne s'est pas amusé à lutter contre un adversaire pour démontrer sa force ou sa souplesse? On s'empoigne, on se roule dans le sable ou dans l'herbe, on essaie d'immobiliser l'autre. Ces batailles amusent aussi de nombreux animaux: loups, ours, chiens, léopards, etc. Au cours de ces luttes, les animaux se griffent et se mordillent, mais ils prennent toujours soin d'éviter la région des yeux et des oreilles afin de prévenir toute blessure grave. Bon exemple à suivre!

Les courses

La plupart des animaux adorent courir sans but, seuls, ou en se mesurant à un autre animal de leur espèce. Des animaux aussi différents que les dauphins, les tigres et les chameaux pratiquent ces jeux.

Le jeu de destruction

Voici une sorte de jeu hilarant pour le meneur, mais déplaisant pour les autres. Dans un zoo, un éléphanteau profite de l'inattention de son gardien pour entrer dans un pavillon et tout mettre à l'envers : tables, chaises, tiroirs, classeurs, etc. Il sort ensuite meubles et casseroles du pavillon, les met en tas et écrabouille le tout joyeusement puis urine dessus. Quand le gardien le surprend, l'éléphanteau repart tranquillement, comme si de rien n'était !

*Les animaux ne jouent que par plaisir.
Ils ne cherchent pas à tirer du jeu un quelconque avantage. Ils ne cherchent pas la victoire à tout prix.
Ils nous donnent ainsi, à nous les humains, une excellente leçon. Comme eux, soyons bons joueurs !*

Le jeu

J'ai nagé jusqu'à l'autre rive
    Pour y chercher des jeux nouveaux.
    Je n'ai trouvé qu'un nid de grives
    Caché à l'ombre d'un ormeau.

    J'ai marché le long de la rive
    Pour y chercher des cailloux bleus.
    J'ai trouvé quatre sources vives
    Et j'ai recommencé le jeu.

    J'ai traversé le marécage
    Pour faire des tresses d'osier.
    Les poissons parmi les herbages
    Me prenaient pour un échassier.

    Au soleil couchant, quatre grues
    Ont essayé de m'entraîner.
    J'aimais leurs mines incongrues
    Mais je voulais m'en retourner.

    [...]

    Demain matin, sur l'autre rive,
    J'irai recommencer le jeu.
    Ceux qui n'ont pas peur, qu'ils me suivent.
    Ça fera moins de malheureux.

Sylvain GARNEAU

(*Les Trouble-fête*, Déom)

Les Jeux olympiques ne datent pas d'hier !
Lis ce texte pour connaître leur origine.

Les Jeux de la Grèce antique

L'origine des Jeux olympiques est difficile à établir clairement, car elle se perd dans la légende. Par exemple, une légende de la Grèce antique raconte que Zeus, le roi des dieux, a combattu son père Cronos à Olympie pour obtenir la domination du monde. Après sa victoire, Zeus aurait invité tous les dieux à s'affronter dans diverses épreuves. Une autre légende soutient plutôt que c'est Héraclès, le fils de Zeus, qui aurait fondé les Jeux en l'honneur des victoires guerrières de son père. Aurait-on affaire ici à un secret des dieux ?

Une trêve sacrée

Quoi qu'il en soit, à Olympie, en 884 avant J.-C., c'est un désir de paix qui conduisit à la mise sur pied des premiers Jeux. En effet, le roi semi-légendaire Iphitos demanda à tous les Grecs de s'unir dans l'harmonie pendant la durée des olympiades. Chaque année, on suspendit toutes les guerres et querelles pendant une trêve sacrée qui durait un mois.

Bientôt, plusieurs milliers de spectateurs de toutes les régions de la Grèce accouraient à Olympie, un site sacré couvert de temples bâtis en l'honneur des dieux. Les cérémonies d'ouverture et de fermeture étaient grandioses : procession de hautes personnalités religieuses et politiques suivies des athlètes, dons et sacrifices aux dieux, chants et banquet.

Voici les vestiges de l'endroit où s'entraînaient les athlètes, la Palestre d'Olympie.

Les preuves

À partir de 776 avant J.-C., on se mit à graver sur la pierre les noms des vainqueurs. Les Jeux avaient lieu tous les quatre ans, à la nouvelle lune du solstice d'été. Le premier vainqueur olympique officiel, Koroïbos, était berger selon certaines sources, cuisinier selon d'autres.

À cette époque, les Jeux n'opposaient que deux villes, Pise et Élis, et comportaient une seule épreuve : la course du Stade ou *stadion*, d'environ 192 mètres. Cette mesure correspondait à 600 fois la longueur du pied d'Héraclès ! Ensuite, la popularité des Jeux grandissant, les participants se sont multipliés et les épreuves sont devenues plus nombreuses.

COURSE À PIED

Les épreuves

Après dix mois d'entraînement et un mois de stage obligatoire sur place, les participants masculins s'exécutaient devant environ 50 000 spectateurs. L'événement durait cinq jours et comportait diverses épreuves.

— La course à pied comportait une épreuve de vitesse, le *stadion*, à laquelle vinrent s'ajouter le double Stade en 724 avant J.-C., puis une course de fond à l'olympiade suivante.

COURSE DE QUADRIGES

— Dès 708 avant J.-C., certains athlètes participaient au pentathlon, une épreuve réunissant cinq disciplines : saut, course, disque, javelot et lutte.

PENTATHLON

— La course de quadriges apparut en 688 avant J.-C. Elle consistait en une très dangereuse compétition de chars tirés par quatre chevaux. On faisait aussi des courses de cavalier seul.

PUGILAT

— Tout aussi terrible était le pugilat, une boxe que les pugilistes faisaient avec des gants bardés de plomb et un bonnet de bronze et de cuir. Et que dire du pancrace (652 av. J.-C.), une lutte à terre avec coups de pied qui incluait aussi le pugilat ? Tous les coups étaient permis, sauf mordre son adversaire ou l'éborgner ! Évidemment, ces combats féroces finissaient souvent très mal.

Quant aux femmes, elles pouvaient en septembre participer aux Jeux féminins, les *Héraia* — en l'honneur de la déesse Héra, épouse de Zeus. Ces Jeux, une course de stade, avaient lieu après les Jeux masculins. Les femmes mariées n'avaient pas le droit d'y participer.

À compter de la 37e olympiade, les enfants purent s'affronter à certaines épreuves de course, de lutte, de boxe et de pancrace.

Gloire aux athlètes

Les vainqueurs des épreuves recevaient une récompense symbolique. Il s'agissait de simples couronnes de feuilles d'olivier, symbole de renommée, d'honneur et de gloire éternelle. Chacun allait déposer sa couronne sur l'autel de Zeus, en offrande. Mais les efforts des gagnants étaient récompensés par la reconnaissance de leurs compatriotes. En effet, dans l'idéal grec d'harmonie du corps et de l'esprit, les athlètes occupaient une place tout à fait unique. En fait, on considérait les vainqueurs olympiques comme des demi-dieux. Des poètes renommés, comme Pindare (518-438 av. J.-C.), consacraient toutes leurs odes aux athlètes victorieux.

Une triste fin

Vint un temps où la tricherie avait envahi une bonne partie des épreuves.
Puis en l'an 394 après J.-C., les Jeux furent interdits par l'empereur chrétien
Théodose 1er, qui trouvait cette pratique trop païenne, c'est-à-dire peu conforme
à la morale religieuse. L'année suivante, Olympie fut pillée et en partie détruite.
En 426, Théodose II fit incendier le temple de Zeus. Pour couronner le tout,
le site des Jeux fut complètement détruit par un raz-de-marée au VIe siècle.
Il n'empêche que 286 olympiades se sont déroulées à Olympie durant presque
12 siècles, et que l'événement a refait surface 15 siècles plus tard !

- En quoi les Jeux de la Grèce antique t'apparaissent-ils différents des Jeux actuels ?

- Quelle épreuve te semble la plus intéressante ? Pourquoi ?

Pierre de Coubertin (1863-1937)

Du 5 au 15 avril 1896, à Athènes, avaient lieu
les premiers Jeux olympiques modernes « après une
éclipse de plusieurs siècles », disait le Français Pierre
de Coubertin. Cet homme issu d'une famille fortunée
visait à populariser l'exercice physique et à l'imposer
à l'école afin de former une jeunesse « exemplaire »,
déterminée et responsable. C'est grâce à sa ténacité
que les Jeux olympiques modernes sont nés.

Le sport

Le sport est belle et rude école
où triomphe la volonté.
C'est le plain-chant de la beauté
d'un geste assuré qui s'envole.

Chacun vibre pour son idole :
voile, tennis ou karaté.
Le sport est belle et rude école
où triomphe la volonté.

Et l'image d'un discobole
fixe dans son éternité
le moment plein de majesté
qui restera comme un symbole.
Le sport est belle et rude école.

Jeanne MAILLET
(*Luttes et Luths*, © Hachette Livre)

Ping-pong

Balle dure
La main sûre
L'œil véloce

Et plic et ploc
du tac au tac
tric et choc

Grêle oblique
en zig-zag
Quel trafic !

Rac et traque
Ric à rac
Ploc plic plaque

La main vive
les raquettes
qui voltigent

Pong et ping
On réplique
Ping-pong.

Jacques GAUCHERON
(*Luttes et Luths*, © Hachette Livre)

Lis ce texte qui te renseignera sur les épreuves de l'athlétisme.

Les épreuves olympiques

L'athlétisme regroupe les épreuves de course, de saut et de lancer. Certaines épreuves comme la course de 5000 mètres, le saut en longueur ou le lancer du disque se pratiquaient déjà aux Jeux de la Grèce antique, il y a plus de 2700 ans.

Les courses

Il existe trois grandes sortes de courses à pied : la course plate, la course de relais et la course d'obstacles.

Les athlètes qui participent à la course plate ont chacun leur spécialité. Certains s'entraînent pour la course de vitesse (ou *sprint*) : ils courent alors le 100 mètres, le 200 mètres ou le 400 mètres. D'autres athlètes se spécialisent dans les courses de demi-fond : le 800 mètres, le 1500 mètres et le 5000 mètres. Les courses de demi-fond exigent vitesse et endurance. Certains athlètes possèdent beaucoup d'endurance et s'entraînent pour les courses de fond : le 10 000 mètres, ou 25 tours de piste, et le marathon, une course de plus de 40 kilomètres.

Les Jeux Paralympiques se déroulent après les Jeux Olympiques d'été et d'hiver. Ils permettent à des milliers d'athlètes handicapés de haut niveau de s'illustrer dans plusieurs disciplines.

La course de relais est une épreuve de vitesse qui se pratique en équipes de quatre coureurs. À tour de rôle, chacun des équipiers doit courir et, sans s'arrêter, passer le témoin (un bâton cylindrique) à un autre membre de son équipe. Deux courses de relais font partie du programme des Jeux olympiques : le 4 × 100 mètres et le 4 × 400 mètres.

La course d'obstacles est une épreuve de vitesse et d'adresse.
Le coureur saute par-dessus plusieurs haies posées le long
de la piste. Par exemple, dans le 400 mètres haies, les coureurs
doivent franchir 10 haies disposées tous les 35 mètres.
Les athlètes féminines courent le 100 mètres haies,
sautant 10 haies de 0,84 mètre de hauteur.

Les sauts

Les épreuves de saut les plus connues sont le saut en
hauteur, le saut à la perche et le saut en longueur.

Le saut en hauteur consiste à franchir une barre placée
le plus haut possible. Le sauteur a droit à trois essais.
L'athlète prend son élan et saute dos à la barre.

Le marathon

Le marathon est une très longue course d'endurance,
la seule qui se déroule en dehors d'un stade olympique.
Tous les cinq kilomètres, les marathoniens peuvent profiter d'une zone de ravitaillement pour boire et manger,
mais sans s'arrêter.

Connais-tu l'origine du marathon? En 490 av. J.-C.,
les Grecs venaient de remporter une bataille contre
les Perses. Pour annoncer cette victoire aux gens de
la capitale, le soldat Philippidès court la quarantaine
de kilomètres qui séparaient les villes grecques de...
Marathon et d'Athènes. À son arrivée, le pauvre
mourut d'épuisement.

Une autre épreuve de saut en hauteur se révèle particulièrement spectaculaire. Il s'agit du saut à la perche. Une longue perche entre les mains, l'athlète court à toute vitesse. Plus le perchiste court vite, plus le saut sera haut. L'athlète pique ensuite la perche dans le sol. Celle-ci se courbe et sert de ressort au sauteur. Tout en haut de sa perche et avant de la lâcher, le sauteur pivote pour franchir la barre.

Le but du saut en longueur est bien sûr de sauter le plus loin possible. L'athlète court d'abord à vive allure sur une piste de 45 mètres pour prendre son élan. Projetant ensuite ses jambes en avant, il plane dans les airs et atterrit dans une fosse pleine de sable.

Les lancers

Les lancers du disque et du javelot sont sûrement les plus anciennes épreuves de l'histoire de l'athlétisme. Dans la Grèce antique, les discoboles se servaient d'un très lourd disque en pierre. Le disque que les messieurs utilisent aujourd'hui pèse deux kilos et celui des dames, un kilo.

Pour effectuer un lancer du disque, l'athlète se place à l'intérieur d'une haute cage de protection. Il tient le disque d'une seule main et fait plusieurs tours sur lui-même avant de faire son lancer. Le vainqueur est celui qui lance le plus loin. Attention ! Le lanceur ne doit pas sortir du cercle avant que le disque touche le sol.

Le javelot des athlètes masculins mesure 2,70 mètres et pèse 800 grammes; celui des athlètes féminines a 2,20 mètres de longueur et pèse 600 grammes. Pour réaliser un lancer du javelot, l'athlète court sur une piste de 35 mètres, puis s'arrête brusquement et projette son javelot avec toute la force de l'épaule et du bras. En plein vol, le projectile peut atteindre 112 km/h. Pour que le lancer soit réussi, il faut que le javelot touche le sol par la pointe.

Le décathlon et l'heptathlon

Le décathlon se compose de 10 épreuves combinées. Le programme de décathlon est réparti sur deux jours. Le premier jour, les décathloniens doivent effectuer les épreuves du 100 mètres, du saut en longueur, du lancer du poids, du saut en hauteur et du 400 mètres. Le second jour, les athlètes entreprennent les épreuves du 110 mètres haies, du lancer du disque, du saut à la perche, du lancer du javelot et du 1500 mètres. Le décathlon est réservé aux hommes.

Depuis 1984, les dames ont également leur programme d'épreuves combinées, l'heptathlon. L'heptathlon dure aussi deux jours et compte sept épreuves : trois courses (100 mètres haies, 200 mètres et 800 mètres), deux sauts (longueur et hauteur), deux lancers (poids et javelot).

- Connais-tu d'autres informations intéressantes sur les épreuves olympiques ? Lesquelles ?

- Quelle est l'épreuve d'athlétisme qui t'enthousiasme le plus ? Explique.

Lis ce récit et intéresse-toi à ce que ressent Sabrina, une athlète accomplie.

Le record

Adapté de Louis HÉMON

Il était une fois une jeune fille, Sabrina, qui avait embrassé avec enthousiasme la vie de coureuse à pied et caressé de douces espérances. Elle savait que ses espérances ne se réaliseraient probablement pas, mais elle voulait tenter sa chance.

Les premiers mois d'entraînement furent un rêve. La joie de se sentir chaque jour pleine d'une force renouvelée. La vie simple et surtout la paix, la paix profonde que donnent l'exercice régulier et la bonne nourriture.

Plus tard, elle eut des ennuis. Une longue suite de journées pleines d'ennui et d'heures de découragement. Une nuit sur deux, le souci l'empêchait de dormir. Mais elle continua tout de même à s'entraîner.

C'était son plaisir de quitter chaque jour la triste ville pour connaître les ombrages familiers des forêts de la campagne. Il lui semblait alors qu'elle quittait le poids de son ennui pour trouver un délicieux refuge. D'autres venaient s'entraîner comme elle pour se retremper à la camaraderie facile et rude des terrains de sports.

* * *

Après des années d'entraînement et de souffrances, Sabrina vit enfin arriver le jour auquel elle avait si longuement songé. Elle s'était préparée pendant si longtemps pour ce seul jour! Elle avait fait d'elle-même, par des efforts répétés, une véritable machine à courir et à sauter. Mais maintenant, elle avait peur...

La veille, elle avait fait un étrange cauchemar. Elle avait rêvé qu'elle était un pantin vert et rouge qui s'agitait sur une table de bois. Elle faisait de petits bonds ridicules avec des efforts maladroits. Soudain, le toit de la maison creva et elle se sentit emportée très haut dans le ciel tout noir. À la fin de son élan, elle retomba au sol comme une pierre, les membres cassés. Dans l'ombre, des voix moqueuses disaient : « C'est fini, elle ne sautera plus. » Sabrina s'éveilla avec des pensées noires.

* * *

Douze heures plus tard, Sabrina était au milieu d'une pelouse inondée de soleil et elle calculait méthodiquement ses pas dans l'allée du sautoir. En revêtant son costume de course, elle avait senti une poussée d'ardeur violente.

Son tour venu, elle rassembla toute sa force, se lança dans la longue allée droite et sauta. Elle eut un mauvais élan et retomba lourdement, au milieu des murmures désappointés. Son second essai fut plus mauvais encore.

Elle alla s'asseoir dans un coin d'ombre tranquille et attendit la fin. La sueur et la poussière avaient rayé sa figure de sillons noirâtres. Elle se sentait laide et misérable. Comme le soleil l'aveuglait, elle ferma les yeux et une figure lui apparut aussitôt.

Elle lui avait toujours fait du mal, cette figure. Elle avait chassé son sommeil. Elle lui avait donné des doutes, des angoisses et des soucis. Sabrina se rappela le beau pantin vert et rouge qui était manipulé par les mains monstrueuses de cette figure. Des mains qui se moquaient de sa douleur et de ses efforts.

Sabrina comprit à cet instant que la vie d'athlète est un tissu d'énergie et de sacrifices. Et elle savait qu'avec un peu de chance et beaucoup d'effort elle pourrait atteindre son but.

* * *

Quand elle rouvrit les yeux, Sabrina entendit son nom pour la troisième fois. Alors une force intérieure la prit à la nuque et elle sentit tous les muscles de son corps frissonner d'impatience, vifs, puissants et légers.

Elle courut comme elle n'avait jamais couru de sa vie. Elle passa tous ses points de repère l'un après l'autre, un... deux... trois... Elle vit la terre du sautoir presque sous ses pieds et elle bondit désespérément. Elle s'aperçut qu'elle sautait haut et loin. Elle sautait si loin qu'elle vit la foule vers laquelle l'emportait son élan reculer avec un remous de peur. Elle vint s'enterrer jusqu'aux chevilles dans la terre meuble.

Des officiels se précipitèrent, au milieu des hourras, mais Sabrina ne pensait pas à dégager ses pieds. Elle restait immobile, regardant autour d'elle avec une expression de surprise enfantine. Elle clignait des yeux au soleil, car la force merveilleuse qui l'avait envahie la quittait déjà.

Quelques secondes plus tard, le porte-voix annonça aux quatre coins du terrain : « Six mètres quatre-vingt-onze. Record du monde. » Et les hourras recommencèrent.

Sabrina se sentait fatiguée, terriblement fatiguée, mais si fière d'elle ! Elle s'en alla lentement vers le vestiaire, sans dire un mot, car son ouvrage était fait.

● Peux-tu expliquer dans tes mots le sens de la dernière phrase du texte ?

Certains athlètes des Jeux olympiques ont marqué l'histoire du sport. En voici quelques-uns.

Des noms célèbres

FANNY DURACK

Sarah «Fanny» Durack est née le 27 octobre 1889 en Australie. Fanny a été la première femme championne olympique de natation. Après sa victoire aux Jeux de Stockholm, en 1912, Fanny Durack va dénoncer le sexisme dans le sport. À cette époque, beaucoup de pays interdisent aux femmes de se montrer en maillot de bain devant un public masculin. Même Pierre de Coubertin, président fondateur des Jeux olympiques modernes, se dit contre la participation des femmes aux Jeux. En 1916, Fanny détient tous les records du monde de natation, mais les Jeux de Berlin sont annulés à cause de la guerre. Fanny Durack meurt à l'âge de 66 ans.

FANNY BLANKERS-KOEN

Francina Blankers-Koen est née le 26 avril 1918 aux Pays-Bas. La timide Fanny, comme la surnomme sa famille, commence à s'intéresser au sport à 14 ans. Ce n'est qu'en 1948, aux Jeux de Londres, qu'elle entre dans la légende en remportant 4 épreuves : le 100 m, le 200 m, le 80 m/haies et le 4 × 100 m. Cette mère de famille, qu'on baptise «la ménagère volante» et «la Hollandaise volante», a alors 30 ans. Ses 4 médailles d'or olympiques et ses 10 records du monde font de Fanny Blankers-Koen l'une des plus grandes championnes de l'athlétisme féminin.

LARISSA LATYNINA

Celle qui va devenir la plus prestigieuse gymnaste de tous les temps naît le 27 décembre 1934 en Ukraine. Larissa Latynina participe aux Jeux de Melbourne en 1956, de Rome en 1960 et de Tokyo en 1964. Larissa remporte au total 18 médailles : 9 d'or, 5 d'argent et 4 de bronze. Larissa Latynina reste encore aujourd'hui la plus grande médaillée de toute l'histoire des Jeux olympiques — et cela parmi tous les athlètes masculins et féminins de toutes les disciplines !

CARL LEWIS

Frederick Carlton McHinley Lewis, dit Carl Lewis, naît le 4 juillet 1961 aux États-Unis. Carl devient le roi du stade lors des Jeux de Los Angeles. Il remporte le 100 m, le 200 m, le 4 × 100 m et l'épreuve du saut en longueur, récoltant ainsi 4 médailles d'or. Le géant de 1,88 m participe aussi aux Jeux de Séoul en 1988, de Barcelone en 1992 et d'Atlanta en 1996. Il réussit un fabuleux exploit : remporter quatre fois de suite la médaille d'or au saut en longueur ! À 35 ans, Carl se retire de la compétition sportive après avoir obtenu sa dernière médaille d'or au saut en longueur. Il demeure l'un des plus grands médaillés de l'histoire olympique avec ses 10 médailles, dont 9 d'or.

NADIA COMANECI

La révélation des Jeux de Montréal en 1976 s'appelle Nadia Comaneci. Elle est née le 12 novembre 1961 en Roumanie. Dès l'âge de six ans, la petite Nadia pratique la gymnastique et s'entraîne trois heures par jour aux barres asymétriques, à la poutre, etc. Nadia n'a pas encore 15 ans lorsqu'elle participe aux Jeux de Montréal. L'adolescente de 1,44 m et 40 kilos éblouit le public. Les juges lui accordent 10/10 à 7 reprises! Cela ne s'était jamais vu. L'ordinateur, qui n'était pas programmé pour présenter une note parfaite, n'a pu faire mieux qu'afficher 1,00. L'exploit de «la petite fée» n'a pas encore été égalé.

ZHANG SHAN

Zhang Shan naît en Chine le 23 mars 1968. Elle est championne de tir en skeet: armée d'un fusil de chasse, la tireuse doit briser les plateaux, ou pigeons, qui sont lancés. Aux Jeux de Barcelone, en 1992, la jeune Chinoise bat le record olympique de tir en skeet et elle égale le record du monde en atteignant 223 plateaux sur 225! Zhang devient ainsi la première femme à battre les hommes dans cette discipline. Ce genre d'exploit risque de ne plus jamais se répéter, car depuis la victoire de Zhang Shan, les compétitions olympiques de tir en skeet ne sont plus mixtes...

● Connais-tu d'autres athlètes olympiques? Quels exploits ont-ils accomplis?

● Et toi, dans quelle discipline sportive aimerais-tu exceller? Explique.

Lis ce conte traditionnel sur un coureur exceptionnel.

Alexis-le-Trotteur

Alexis Lapointe, voilà le nom qu'il avait reçu à la naissance. Mais dès qu'il a été assez solide sur ses jambes pour trottiner sans tomber, on l'a appelé Alexis-le-Trotteur. Le petit bonhomme marchait à petits pas courts et pressés. Toujours on aurait dit qu'il avait fait un mauvais coup !

Mais le trottinement ne dura pas longtemps. Encore tout jeune, Alexis allait déjà au trot comme un cheval de course, et un gagnant. On n'avait qu'à le mettre à l'épreuve : il prenait le mors aux dents. « Hue ! » criaient ses admirateurs. Alors Alexis lançait un hennissement retentissant, parce qu'il s'était toujours pris pour un cheval. Ensuite, il se fouettait les mollets avec une branche, puis il partait comme une flèche.

Un jour, Alexis demande à son père d'embarquer avec lui sur le bateau qui part du quai de La Malbaie pour aller à Bagotville. Pensez donc ! Un beau voyage de 12 heures sur le Saguenay ! Mais son père refuse de l'emmener.

« Quand vous arriverez à Bagotville, je prendrai les amarres », dit le garçon, sûr de lui.

Alexis file aussitôt. Et lorsque le bateau arrive enfin à Bagotville 12 heures plus tard, Alexis l'attend déjà depuis longtemps sur le quai. Tout le monde se demande encore comment le trotteur pouvait courir à une telle vitesse et pendant aussi longtemps sans se fatiguer.

* * *

Au cours d'un de ses voyages au Saguenay, Alexis se rend chez Oscar Tremblay, un ami meunier. Il trouve le pauvre Oscar affalé dans son moulin, couvert d'une fine couche de farine, l'air désespéré. Alexis-le-Trotteur, d'un naturel moqueur et enjoué, trouve la scène plutôt comique. Il salue chaleureusement son ami en le secouant un peu, puis lui demande pourquoi il travaille encore à 9 heures du soir.

« Ce matin, explique Oscar, un élégant moustachu habillé tout en noir m'a fait boire. Quand j'ai été bien saoûl, il m'a fait parier 500 piastres que je pourrais moudre 1000 sacs de grain avant le lever du soleil. »

Le meunier en convenait : il aurait dû refuser ce pari trop risqué. Mais il était si fier, si orgueilleux, qu'il n'avait pas pu résister au défi que l'homme en noir lui avait lancé. À vrai dire, il s'était presque senti hypnotisé par le mystérieux étranger. Mais qui était-il donc, ce damné étranger ?

Le meunier avait bien commencé son travail, mais il n'en avait pas fait le quart. L'épuisement l'avait gagné et il ne pouvait plus bouger le petit doigt.

« Au travail, meunier ! Nous la moudrons, cette farine. Tu sais bien que je peux le faire tourner, ton moulin ?

— Tu me sauves la vie, Alexis ! C'est la providence qui t'envoie. »

Alexis avait déjà sauté dans les aubes du moulin, avait poussé son hennissement comme d'habitude, puis s'était mis à courir au galop, faisant tourner le moulin à une vitesse effrénée. « Hue ! Alexis-le-Trotteur ! Hue ! » crie le meunier qui a tout d'un coup retrouvé son ardeur au travail. Et voilà : les centaines de sacs de grain se transforment en autant de sacs de belle farine blanche et fine.

Parlant du loup, l'étranger de la veille avance à grands pas vers le moulin, car le jour s'est levé. Sûr de lui, il rit aux éclats tant il a hâte de voir le visage déconfit du meunier. Mais il arrête de rire tout net. En ouvrant la porte du moulin, il aperçoit le meunier qui regarde son ouvrage avec contentement.

« Mille sacs de belle farine bien blanche et bien fine ! dit-il avec fierté. Je ne l'ai pas remporté, le pari ? »

L'étranger doit bien tenir parole et payer les 500 piastres comptant...

C'est ainsi que notre héros a peut-être délivré le pauvre meunier d'un individu malveillant. Alexis s'en sortait avec un petit mal aux mollets. Après s'être reposé quelques jours auprès de son ami, il a repris sa route.

On dit qu'il lui est arrivé encore bien d'autres mésaventures, et que ses puissantes jambes d'étalon l'ont toujours tiré d'affaire.

● As-tu aimé cette légende ? Pourquoi ?

Le surcheval

Alexis Lapointe est né à La Malbaie en 1860 et est mort en 1924, accidentellement. On parle encore de lui à cause de son incroyable rapidité à la course à pied et de son excentricité. En effet, on dit qu'Alexis était convaincu qu'il aurait dû naître étalon. C'est ce qui explique ses surnoms Alexis-le-Trotteur, cheval du nord et surcheval. Le squelette de ce personnage légendaire est exposé au musée du Saguenay.

Lis ce texte pour connaître des jeux amérindiens traditionnels.

Des jeux amérindiens

Comme tous les peuples d'hier et d'aujourd'hui, les Amérindiens du temps de la Nouvelle-France aimaient bien s'amuser. Même si les tribus vivaient très loin les unes des autres et ne parlaient pas la même langue, leurs jeux se ressemblaient beaucoup. Les Amérindiens raffolaient des jeux de hasard et ils excellaient dans les jeux d'adresse.

Le pile ou face

Chez les Algonquiens de la région de Trois-Rivières, le jeu du plat était très populaire. Dans un grand plat de bois, deux joueurs mettaient neuf petits os plats et ronds, noirs d'un côté et blancs de l'autre. Chacun choisissait sa couleur, puis les joueurs remuaient le plat pour faire sauter les osselets. La victoire revenait à celui dont le choix s'était arrêté sur la couleur qui ressortait le plus souvent. Le *paquessen* était très semblable au jeu du plat : on lançait plutôt les osselets dans les airs avec les mains et on les laissait retomber au sol. En fait, il existait toutes sortes de variantes de ce jeu : avec des billes, des bâtonnets, des noyaux de pêches ou de prunes, des écorces de noix.

Les devinettes

Les jeux de devinettes étaient aussi fort appréciés, notamment le jeu du mocassin. Dans quatre mocassins, un joueur cachait quatre balles, dont une spécialement marquée, tout en faisant des gestes et des bruits pour distraire les autres joueurs. Ses camarades devaient ensuite montrer avec un long bâton le mocassin sous lequel était cachée la balle marquée.

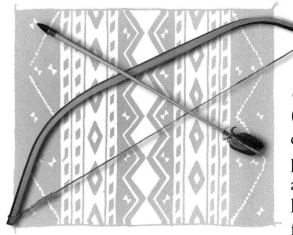

Le tir à l'arc

Le tir à l'arc était nécessaire pour la chasse, mais il faisait aussi partie des loisirs. Par exemple, les Montagnais (Innus) formaient 2 équipes qui lançaient chacune 21 flèches sur une cible faite de peaux de cerf tendues sur 4 bâtons. On aimait aussi lancer une flèche dans les plus hautes branches d'un arbre, puis essayer de la faire tomber en tirant une autre flèche dessus.

D'autres jeux de tir visaient à atteindre une cible mouvante. Par exemple, des joueurs formaient deux équipes : les uns poussaient un cerceau fait d'écorce d'arbre et les autres tentaient d'en arrêter la course en tirant des flèches dedans. Le cerceau pouvait aussi être tendu d'une toile semblable à une toile d'araignée. Un peu comme dans le jeu de fléchettes, les points variaient selon les trous par lesquels on réussissait à faire passer les flèches.

Le bilboquet

Plusieurs peuples jouaient au bilboquet. Le joueur balançait dans l'air un petit anneau attaché à une corde en essayant de le faire passer autour d'une grosse épingle attachée à l'autre extrémité. On avait aussi coutume d'utiliser une suite de trois à neuf osselets imbriqués les uns dans les autres et parfois percés de trous, les points variant alors selon le trou dans lequel l'aiguille passait. Des Algonquiens du Lac-Saint-Jean, par exemple, enfilaient huit gros os de phalanges de cerf sur une ficelle, fixaient une épingle d'os à un bout et une queue de raton laveur à l'autre.

Les balles et ballons

Les Amérindiens appréciaient beaucoup les jeux de balle. Les Algonquiens jouaient au *toādijik*, nom micmac d'une sorte de football, avec une balle faite de peau de chevreuil. Ils pratiquaient aussi une espèce de volley-ball. Le jeu consistait à maintenir dans les airs une vessie animale gonflée d'air en se la renvoyant sans arrêt avec les mains.

Le jeu du volant

Le jeu du volant, un genre de badminton ou de bolo, se jouait seul ou à plusieurs. On faisait sauter son volant sur une palette, sans le faire tomber, le plus longtemps possible. Selon la région, la palette de bois était d'une seule pièce, avec une poignée, ou au contraire fabriquée de plusieurs bandes étroites de cèdre attachées avec de l'écorce et au milieu desquelles on avait fixé

un manche. Coiffé de plumes, le corps du volant pouvait être fait d'un morceau de bois de cèdre de forme tubulaire, ou encore de feuilles de maïs refermées en une masse plate et carrée.

Le serpent de neige

Ce jeu hivernal consiste à faire glisser le plus loin possible une flèche, une fléchette ou un javelot sur la neige ou la glace. Les Amérindiens fixaient parfois une longue queue au serpent de neige, le peignaient de couleurs vives, puis le trempaient dans l'eau froide pour qu'une couche glissante le recouvre.

Des jeux pour toutes les régions

Les missionnaires qui ont recensé ces jeux ont souligné l'ingéniosité dont les peuples amérindiens faisaient preuve pour confectionner leur matériel. Vivant en harmonie avec la nature, ils savaient y trouver des matériaux simples pour leurs nombreux loisirs.

- Pourquoi les Amérindiens utilisaient-ils des matériaux comme des os, du bois ou des plumes pour s'amuser ?
- Toi, as-tu déjà utilisé des matériaux de ton environnement pour confectionner le matériel nécessaire à certains jeux ? Explique.

La toupie

Le jouet le plus populaire chez les enfants amérindiens était sans conteste la toupie. Elle pouvait être faite de bois, de corne, d'argile, d'os ou d'ivoire. Quant à la corde, elle était faite de tendons, de nerfs ou encore d'écorce. Ceux qui n'utilisaient pas de corde faisaient tourner la toupie en la fouettant avec une petite baguette de bois ou des lanières de peau de daim.

Les auxiliaires **être** et **avoir** sont extrêmement utiles.
Apprends à bien les écrire. C'est important !

Les auxiliaires
ÊTRE

INDICATIF

Imparfait		Présent		Futur simple	
j'	étais	je	suis	je	serai
tu	étais	tu	es	tu	seras
il / elle	était	il / elle	est	il / elle	sera
nous	étions	nous	sommes	nous	serons
vous	étiez	vous	êtes	vous	serez
ils / elles	étaient	ils / elles	sont	ils / elles	seront

CONDITIONNEL

Passé composé		Présent	
j'	ai été	je	serais
tu	as été	tu	serais
il / elle	a été	il / elle	serait
nous	avons été	nous	serions
vous	avez été	vous	seriez
ils / elles	ont été	ils / elles	seraient

AVOIR

INDICATIF

Imparfait		Présent		Futur simple	
j'	avais	j'	ai	j'	aurai
tu	avais	tu	as	tu	auras
il / elle	avait	il / elle	a	il / elle	aura
nous	avions	nous	avons	nous	aurons
vous	aviez	vous	avez	vous	aurez
ils / elles	avaient	ils / elles	ont	ils / elles	auront

CONDITIONNEL

Passé composé		Présent	
j'	ai eu	j'	aurais
tu	as eu	tu	aurais
il / elle	a eu	il / elle	aurait
nous	avons eu	nous	aurions
vous	avez eu	vous	auriez
ils / elles	ont eu	ils / elles	auraient

Les verbes modèles, c'est fantastique ! Une fois qu'on les a appris, on sait conjuguer des tas d'autres verbes. Si tu sais conjuguer **aimer**, tu sauras conjuguer tous les verbes dont l'infinitif est en **er**.

Deux verbes modèles

AIMER

INDICATIF

Imparfait		Présent		Futur simple	
j'	aimais	j'	aime	j'	aimerai
tu	aimais	tu	aimes	tu	aimeras
il / elle	aimait	il / elle	aime	il / elle	aimera
nous	aimions	nous	aimons	nous	aimerons
vous	aimiez	vous	aimez	vous	aimerez
ils / elles	aimaient	ils / elles	aiment	ils / elles	aimeront

CONDITIONNEL

Passé composé		Présent	
j'	ai aimé	j'	aimerais
tu	as aimé	tu	aimerais
il / elle	a aimé	il / elle	aimerait
nous	avons aimé	nous	aimerions
vous	avez aimé	vous	aimeriez
ils / elles	ont aimé	ils / elles	aimeraient

FINIR

INDICATIF

Imparfait		Présent		Futur simple	
je	finissais	je	finis	je	finirai
tu	finissais	tu	finis	tu	finiras
il / elle	finissait	il / elle	finit	il / elle	finira
nous	finissions	nous	finissons	nous	finirons
vous	finissiez	vous	finissez	vous	finirez
ils / elles	finissaient	ils / elles	finissent	ils / elles	finiront

CONDITIONNEL

Passé composé		Présent	
j'	ai fini	je	finirais
tu	as fini	tu	finirais
il / elle	a fini	il / elle	finirait
nous	avons fini	nous	finirions
vous	avez fini	vous	finiriez
ils / elles	ont fini	ils / elles	finiraient

Certains verbes sont irréguliers à certains temps.
En général, tu sais bien les dire, mais sais-tu bien les écrire ?

Les verbes irréguliers

Pour t'en assurer, dis ces verbes aux temps indiqués à la première ligne de chaque colonne. Observe ensuite comment ce que tu viens de dire s'écrit.

ALLER

INDICATIF

Imparfait	Présent	Futur simple
j' allais	je vais	j' irai
tu allais	tu vas	tu iras
il / elle allait	il / elle va	il / elle ira
nous allions	nous allons	nous irons
vous alliez	vous allez	vous irez
ils / elles allaient	ils / elles vont	ils / elles iront

CONDITIONNEL

Passé composé	Présent
je suis allé	j' irais
tu es allé	tu irais
il / elle est allé / allée	il / elle irait
nous sommes allés	nous irions
vous êtes allés	vous iriez
ils / elles sont allés / allées	ils / elles iraient

Comme tu vois, le verbe aller se transforme au présent de l'indicatif.

Il se déguise aussi au futur simple de l'indicatif et au présent du conditionnel. Il met i.

Il se conjugue avec l'auxiliaire être au passé composé.

Les verbes irréguliers (suite)

FAIRE

INDICATIF		
Imparfait	**Présent**	**Futur simple**
je faisais	je fais	je ferai
tu faisais	tu fais	tu feras
il / elle faisait	il / elle fait	il / elle fera
nous faisions	nous faisons	nous ferons
vous faisiez	vous faites	vous ferez
ils / elles faisaient	ils / elles font	ils / elles feront

Passé composé	CONDITIONNEL
	Présent
j' ai fait	je ferais
tu as fait	tu ferais
il / elle a fait	il / elle ferait
nous avons fait	nous ferions
vous avez fait	vous feriez
ils / elles ont fait	ils / elles feraient

DIRE

INDICATIF		
Imparfait	**Présent**	**Futur simple**
je disais	je dis	je dirai
tu disais	tu dis	tu diras
il / elle disait	il / elle dit	il / elle dira
nous disions	nous disons	nous dirons
vous disiez	vous dites	vous direz
ils / elles disaient	ils / elles disent	ils / elles diront

Passé composé	CONDITIONNEL
	Présent
j' ai dit	je dirais
tu as dit	tu dirais
il / elle a dit	il / elle dirait
nous avons dit	nous dirions
vous avez dit	vous diriez
ils / elles ont dit	ils / elles diraient

Les verbes irréguliers (suite)

POUVOIR

INDICATIF		
Imparfait	**Présent**	**Futur simple**
je pouvais	je peux	je pourrai
tu pouvais	tu peux	tu pourras
il / elle pouvait	il / elle peut	il / elle pourra
nous pouvions	nous pouvons	nous pourrons
vous pouviez	vous pouvez	vous pourrez
ils / elles pouvaient	ils / elles peuvent	ils / elles pourront

Passé composé	**CONDITIONNEL**
	Présent
j' ai pu	je pourrais
tu as pu	tu pourrais
il / elle a pu	il / elle pourrait
nous avons pu	nous pourrions
vous avez pu	vous pourriez
ils / elles ont pu	ils / elles pourraient

PRENDRE

INDICATIF		
Imparfait	**Présent**	**Futur simple**
je prenais	je prends	je prendrai
tu prenais	tu prends	tu prendras
il / elle prenait	il / elle prend	il / elle prendra
nous prenions	nous prenons	nous prendrons
vous preniez	vous prenez	vous prendrez
ils / elles prenaient	ils / elles prennent	ils / elles prendront

Passé composé	**CONDITIONNEL**
	Présent
j' ai pris	je prendrais
tu as pris	tu prendrais
il / elle a pris	il / elle prendrait
nous avons pris	nous prendrions
vous avez pris	vous prendriez
ils / elles ont pris	ils / elles prendraient

• LA VISION D'ORBI-GOUK •

AU MILIEU D'UNE FORÊT, LES ANKOROIS RETROUVÈRENT LA PIERRE DE L'UNION DES CLANS QUE LES CHEFS AVAIENT GRAVÉE À LEUR ARRIVÉE À ANKOR.

LE ROC ÉTAIT EFFRITÉ ET LES SYMBOLES DES CLANS PRESQUE COMPLÈTEMENT EFFACÉS, COMME SI LA PIERRE AVAIT SUBI 1000 CYCLES D'USURE.

ORBI-GOUK S'EFFORÇA DE RASSU-RER LES ANKOROIS À QUI CETTE VISION DONNAIT DE SINISTRES PRÉSAGES.

PUIS IL SE LAISSA PEU À PEU ENVAHIR PAR L'ESPRIT DE CE LIEU ENVOÛTANT QUI, DE TOUTE ÉVIDENCE, TENAIT D'UNE AUTRE DIMENSION.

AYANT ATTEINT UN ÉTAT D'EX-TRÊME CONCENTRATION, IL FUT SOUDAIN PROJETÉ VIOLEMMENT DANS LE TEMPS...

...ET IL CAPTA CETTE IMAGE DÉROUTANTE D'UN FUTUR TRÈS LOINTAIN.

Pour apprendre l'orthographe d'usage

- **Entre les mots dans ta mémoire.**
  - ap / pro / cher   a-p / p-r-o / c-h-e-r
  - a / beille   a / b-e-i-l-l-e

- **Pense aux différentes façons d'écrire les sons.**
  - **auto**   g**â**te**au**   f**au**x

- **Observe les difficultés particulières de certains mots.**
  - a**pp**rocher   **h**acher

- **Rappelle-toi l'orthographe particulière de certains sons.**
  - **ch**ampion   ja**m**be   a**g**ir   **gu**érir

- **Aide-toi du féminin pour trouver la finale au masculin.**
  - ron**de**/rond   mauvai**se**/mauvais   méchan**te**/méchant

- **Rappelle-toi la formation du féminin de certains noms et adjectifs.**
  - champi**on** /champi**onne**   ouvri**er**/ouvri**ère**
  - direct**eur** / direct**rice**   neu**f** /neu**ve**

- **Compare des mots de même famille.**
  - proche, prochain, prochaine, prochainement

- **Pour chaque mot dont tu doutes, consulte un dictionnaire ou ta liste orthographique.**

Pour apprendre l'orthographe grammaticale

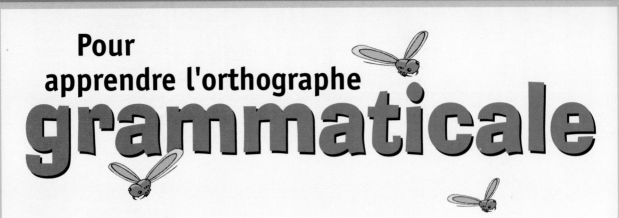

- **Vérifie si tes phrases sont complètes et bien construites.**

  Les deux groupes obligatoires de la phrase

  groupe du nom sujet   groupe du verbe

  Iki-Touk   *a un grand sens de l'humour.*

- **Vérifie la ponctuation.**

  J'aime faire du vélo, nager dans la piscine, jouer à la balle et courir dans les sentiers.

- **Fais les bons accords dans tes phrases.**

  ### Accorde les mots dans le groupe du nom.

  Repère le nom, qui est le noyau du groupe du nom. Interroge-toi sur son genre et son nombre. Vérifie si les déterminants et les adjectifs qui l'accompagnent ont le même genre et le même nombre que le nom.

  Ces jolies fleurs coupées se fanent vite.
  féminin pluriel

  ### Accorde les verbes.

  Repère le sujet dans le groupe sujet et le verbe dans le groupe verbe. Relie-les et interroge-toi sur la terminaison du verbe. Utilise au besoin des tableaux de conjugaison.

  Les Ankorois *connaissent les matériaux.*
  ils